DELIUS KLASING

Herbert Fricke

Geständnisse an der Reling

Delius Klasing Verlag

Von Herbert Fricke ist darüber hinaus folgender Titel
im Delius Klasing Verlag erschienen:
Gespräche an der Reling

Bibliografische Information der Deutschen Nationalibliothek

Die Deutsche Nationalbibliothek verzeichnet diese Publikation in der
Deutschen Nationalbibliografie; detaillierte bibliografische Daten sind im
Internet über http://dnb.d-nb.de abrufbar.

1. Auflage
ISBN 978-3-7688-2632-7
© by Delius, Klasing & Co. KG, Bielefeld

Schutzumschlaggestaltung: Ekkehard Schonart
Druck: Bercker Graphischer Betrieb, Kevelear
Printed in Germany 2009

Delius Klasing Verlag, Siekerwall 21, D-33602 Bielefeld
Tel.: 0521/559-0, Fax: 0521/559-115
E-Mail: info@delius-klasing.de
www.delius-klasing.de

Inhalt

Prolog 7

Toppgetakelter Robinson 10

Gürtelrose im Sturm 17

Der erloschene Sopran 24

Marlon Brando und die Missionare 37

Nach 50 Hieben war die Frau katholisch 45

Kon Tiki auf der Cook's Bay 49

Im Himmel über Bora Bora 53

Kissen zwischen – passt 64

Balanceakt im Hospital 70

Ein Indianer kennt keinen Schmerz … 73

… hast du gesagt. 85

Rocker, Ritter, Retter Raphael 87

Panamachmal schnell! 89

Rosita und der Goldzahn 92

Äquatortaufe am Sadonnerstag 106

Heinrich der Seefahrer 112

Oktoberfest vor der Aidsküste 117

Laura lutscht sich in den Tod 123

Kiona, das Rostschutzmittel 133

Verankert in Hamburg 138

Tschaika – Reling in der Kneipe 145

Weiße Nächte – Schwarzer Tod 155

… wie am Spieß 160

Udos ROCKLINER 162

Rammelgold als Schweigesold 169

Russische Straßenbaumanöver 180

… doch Sarah blieb nicht stehen 183

Epilog 192

Prolog

»Na, da muss ich Ihnen ja mal was gestehen ...« Es gibt nur wenige Orte, an denen Menschen so geständnisfreudig sind wie an der Reling, draußen auf hoher See. Das liegt daran, dass hier alles tiefer ist und tiefer geht. Gespräche, Gedanken und Gefühle. Ansichten und Nachsichten, Einsichten und Aussichten. Ganz unterschiedliche Sichten auf die Dinge des Lebens. Man empfindet alles weiter und tiefer als an Land. Tiefer als im Alltag. Tiefer als in eingezäunten Villen der Erbengeneration. Oder im Endreihenhaus mit Carport für den Familiencaravan mit Turbodiesel. Und viel tiefer als in der Etagenwohnung mit Gemeinschaftsantenne. Gedanken auf See denken sich anders. Gefühle fühlt man anders an der Reling. Auf See findet der Mensch die Zeit, die ihm an Land abhanden gekommen ist – im Büro, am Fließband, im Haushalt, im Karrierestress oder am Handy.

In der Badehose an der Reling kommt man zu sich selbst, zum Denken, zum Fühlen, zum Sich-selbst-Erkennen. Man rührt einfach tiefer. Da wird dann mancher ehrlich zu sich selbst. Und oft auch ehrlicher zu einem anderen. Aber nur, wenn der andere ein Einzelner ist. Ein Zuhörer in gleichen Sphären. Einer, von dem man hofft, dass er Versteher ist. Ehepartner entfliehen für ein paar Stunden dem allgegenwärtigen Ehepartner, Gruppenreisende ihrer Gruppe. Um zu reden, sich zu befreien oder um sich einmal nur zu öffnen. Oder auch mal eine ganz andere Meinung zu hören.

An der Reling im Fahrtwind von 15 oder 16 Knoten, da muss man dem Fremden nicht beweisen, was für ein toller Hecht man ist. Weil man davon ausgehen kann, dass der es auch nicht ist. Und als Frau braucht man nicht vorzuspielen, was für eine immerjunge immerschöne Adorata man so gerne wäre. Im Wind an der

Reling, vor allem bei widrigem Wetter, ist nicht nur der Mensch von außen ungeschminkt, sondern auch sein Hirn von innen. Das an der Reling Gedachte und Gesagte ist in der Regel pur.

Aber man braucht eine oder einen neben sich, der zuhören will und zuhören kann. Denn man kann ja schlecht seine eigenen Gedanken und Geständnisse kommentieren, reflektieren, optimieren. Wir alle haben uns selbst ja insgeheim schon oft gelobt, getadelt, hoch geachtet oder tief. Sogar selbst belogen und betrogen. Unsere eigene Meinung, unsere eigenen Kommentare kennen wir ja – aus tausend eigenen Überlegungen. Was aber hält ein Außenstehender von unseren Gedanken? An der Reling ist man stets ein außen Stehender. Man öffnet sich leichter einem, der – absehbar jedenfalls – die eigenen heimischen Kreise niemals kreuzen wird.

So kommt es zu Geständnissen an der Reling, die man an Land so nie machen würde. Und die ich so an Land nie hören würde. Nicht auf Partys, nicht auf Empfängen, nicht in Clubs und Chats, in netten und in internetten Foren. Das Meer verleiht Anonymität. Ich glaube, sogar mehr als jeder Beichtstuhl neben einem geilen Pfaffen hinterm Gitter, so einem priesterlichen Horchposten im Glaubenskäfig. Oh, pardon, liebe Beichter, ich meine natürlich: neben einem ablassbereiten, vergebungswilligen Geheimniswahrer, der dem gläubigen Sündenfälligen beichtväterlich zur Seite sitzt.

So wurde ich an der Reling zum Ohrenzeugen manch großer Geständnisse und manch kleiner – wie das von der Dame, die immer vollangezogen da hinten am Pool sitzt, nachdem sie sich in der Privatklinik des angeblich weltbesten Bad Pyrmonter Fettabsaugers vier Kilo und 298 Gramm Fett hat absaugen lassen, ein Gramm pro Euro, ein Euro pro Gramm – und die jetzt, nach dieser Generalentschmalzung, laut eigener verbitterter Beschreibung »Wabbelwampe, Faltenarsch und Hängetitten« hat und sich nicht mehr in den Badeanzug traut.

Ich habe süße Geständnisse gehört wie das über die Schwangerschaft der jungen Zahlmeister-Assistentin nach einer Kutschfahrt auf der Krim. Sie hatte bei leichtem Trab ihren zweistündigen Landausflug im Zweispänner unabsichtlich zur Herstellung nautischen Nachwuchses genutzt. Und ich hörte sehr bewegende Geständnisse an der Reling, wie das der jungen Russin, der die Mafia die Stimmbänder gestohlen hat. Auch sehr bittere Geständnisse, wie das des alten Mannes, der auf Befehl des später höchsten deutschen Olympiafunktionärs 1941 in Estland Juden zu deportieren hatte. Und Menschen »auf der Flucht erschießen« musste. – Ich fange an mit einem eigenen Geständnis, mit einem Blitzlichtgewitter als Lebensretter auf der Ostsee.

Toppgetakelter Robinson

Seine Sloop ist toppgetakelt. Darauf legt Robinson Crusoe wert. Acht Meter lang ist diese Sloop, 49,2 Quadratmeter Segelfläche, liebevoll gepflegte »Lady K.«, auf der wir da vor dem Brodtener Ufer auf der Ostsee kreuzten. Crusoe heißt auf deutsch ja Kraus. Also das Gegenteil von glatt. »Kole Feut un Norden Wind, givt'n krusen Büdel un'n lütten Pint.« Krus ist kraus, und kraus ist Crusoe, und wer's nicht glaubt, der soll doch Daniel Defoe selber fragen. Und Heinz Kraus aus Warnsdorf in Ostholstein hatte einen Getreuen, der hieß Freitag. Und wie heißt der Getreue von Robinson Crusoe? Richtig: Freitag! Also noch ein Hinweis auf seine Identität. Tom Freitag, der Eingeborene, ist Feuerwehrhauptmann und Cheflöscher. Und nicht nur am Freitag Freund.

Wir saßen also an der niedrigen Reling seiner Sloop und redeten in der Sonntagmittagsflaute über das Segeln. Und über Sicherheit an Bord. Robinson Crusoe ist nämlich Segellehrer auf der Ostsee und bestand darauf, dass ich eine Schwimmweste trüge. Manchmal schippert er mit Gästen bis nach Sonderburg. Und genau dorthin, von Kiel nach Sonderburg in Dänemark, wollten wir damals mit einer Brigantine segeln. Jetzt, hier auf seiner Sloop, erzählte ich dem Experten die Geschichte:

Wir hatten sie damals gechartert, die alte Brigantine, mit drei Mann Besatzung: dem Skipper, seiner Oolsch und einem Bootsmann. Und dann kamen wir an Bord, das Team der Deutschen Welle. Wir hatten in Kiel die 300. Sendung der sehr erfolgreichen Sendereihe »Grüße aus dem Heimathafen« aufgezeichnet, und der Intendant hatte uns und unseren Gästen aus diesem Anlass als Jubiläumsfahrt eine tolle Segeltour spendiert. Einen Törn auf dieser Brigantine mit ihren dunkelroten Segeln. Neun Herren und elf Damen, des Segelns nur mäßig kundig, kamen frohgelaunt an

Bord. Ob seine kleine Crew der Aufgabe denn gewachsen sei, wollte ich noch scherzhaft wissen. Aber der Skipper meinte, das sei okay, sein Bootsmann beherrsche die Seemannschaft. Und Köm sei auch genug an Bord. Dass dieser Bootsmann ein Holzbein hatte und schlecht sehen konnte, wussten wir bei der fröhlichen Ausfahrt am späten Morgen aus der Förde nicht.

Schon bald kam Sturm auf an diesem Sonntag im September. Unser Skipper hatte keinen Wetterbericht gehört. Der Sturm kam aus der falschen Richtung, nämlich aus Nordost, und deshalb mussten wir heftig kreuzen. Ich sagte nach einigen Stunden zum Skipper: »Das hat keinen Zweck, so kommen wir bis zum Abend nicht bis nach Sonderburg!« (wo in einem Schlosshotel das bestellte Jubiläumsdinner wartete). »Lass uns umkehren, Schipper!« Der aber vertraute auf Gott und seinen Diesel und den Bootsmann mit dem Holzbein und segelte weiter. Kurz nach drei am Nachmittag fingen die ersten an zu kotzen. Die Sängerin Olivia Molina, die uns samt Gitarre eigentlich frohsinnig unterhalten sollte, die kotzte nicht. Denn Tote kotzen nur noch selten.

Olivia Molina, zu Deutsch wohl in etwa »Olivenmühle«, hatte nämlich vorsorglich Tabletten gegen Seekrankheit geschluckt. Nicht zwei, wie auf der Packungsbeilage empfohlen, sondern zwanzig. Nun war sie zwar gefeit gegen jede Rebellion des Magens, aber gleichzeitig war sie so tot wie ein gestrandeter Dorsch. Sie lag unter Deck unter der Decke in der Koje, sah nichts und hörte nichts und musste festgezurrt werden, damit sie nicht aus dem Kojenkasten rollte.

Ähnlich hatten wir das mal mit der jungen Marianne Rosenberg erlebt, als wir mit ihr zum Hafenkonzert nach Helgoland schipperten, aber das ist eine andere Geschichte. Die hatte zwar nur sechs Pillen geschluckt, aber verpasste dann auch ihren Einsatz in der Nordseehalle. Tino Langer, unser Toningenieur, hatte ein Zeichen missverstanden und im Ü-Wagen draußen vor der Halle schon das Playback abgefahren, da lag Mariannes Outfit noch kreisförmig um ihre Füße. »Jeder Weg hat mal ein Ende«, sang sie dann tapfer und kreidebleich, und sie meinte damit wohl den wilden Törn von Cuxhaven zur Langen Anna. Aber ich schweife ab. Egal, an der Reling schweift man manchmal ab mit den Gedanken. Also lassen Sie mich kurz ein anderes Helgoland-Erlebnis erzählen. Dann komme ich auch gleich zurück zu unserem Ostseetörn mit Gästen:

Also, ich habe ja jahrelang zur Mannschaft des NDR-Hafenkonzerts gehört. Zusammen mit Kurt Grobecker und Hermann Rockmann, mit Hannes Schlünz und Kerstin von Stürmer, mit Carlo von Tiedemann und Rainer Brüggemann. Irgendwann hatte die Redaktion in einem Anfall von Sparwahn beschlossen, aus Kostengründen nur noch die Interviews und Reportagen von außen live zu übertragen, die Musik aber vom Band aus dem Funkhaus an der Rothenbaumchaussee zu senden. So auch an diesem Sonntag in unserem Hafen-»Konzert« von Helgoland.

Der damalige Bürgermeister Rickmers hatte überall auf der Insel plakatiert: HAFENKONZERT mit namhaften Künstlern auf Helgoland. Beginn 6.00 Uhr! Und so um die 250 bis 300 Inselgäste und Einheimische strömten auf den Platz vor dem Rathaus aufs Unterland, wo wir mit unseren Mikrofonen standen. Wir redeten auch munter über die Insel, brachten Döntjes, interviewten diesen und jenen, aber zwischendurch die Musik, die kam – unhörbar für unser Publikum – vom Band.

Die Masse murrte, es wurde immer unruhiger, zumal wir die Musikansagen ja auch live dort sprechen mussten. Die Stimmung eskalierte, als ich Freddy Quinn ankündigte: »Einmal noch nach Bombay.« Dann Stille. Kein Freddy. Kein Shantychor. Keine Heidi Kabel. Selbst die Möwen hörten auf zu kreischen. Tödliche Stille. Da plötzlich kam ein älterer Herr mit hochrotem Kopf auf mich zu, hob seinen Krückstock und begann, auf mich einzuschlagen: »Wenn du jetzt nicht sofort singst, schlage ich dich tot!« »Wieso denn ich?«, wagte ich einen zaghaften Einwand, »ich bin doch gar kein Sänger!« »Weil das hier ein Konzert ist!« Er holte wieder aus. Ein anderer rief: »Da drüben, siehst du, da steht es schwarz auf weiß: HafenKONZERT! Da steht nix von Schweigeminuten am Hafen!« Jetzt mischte sich der Strandkorbvermieter drüben von der Düne ein: »Du Dösbaddel, sing jetzt endlich! Ich hab' alle meine Kunden hergeschickt!« Der Krückstock schrie: »Ihr Betrüger, Ihr elenden NDR-Betrüger!« Der Pastor aus der Seemannskirche vom Oberland versuchte es vergeblich mit Sanftmut und sprach von einem Missverständnis. Aber der Krückstock schob ihn beiseite: »Wir lassen uns doch nicht verarschen! Um fünf sind wir aufgestanden!«

In schriller Wut ging eine Frau aus Winsen an der Luhe, Allergikerin auf Inselkur, mit ihrem flatternden Regenschirm auf Hannes los. Der arme Hannes Schlünz, krank und geschwächt, und jetzt diese Attacke. Wir versuchten eine öffentliche Erklärung. Vergebens. »Entweder singt hier jetzt Freddy, oder wenigstens Udo Lindenberg, oder ich will meine Gebühren zurück!«, schrie der alte Mann. Die schöne maritim gedachte Sende-Atmosphäre war total im Arsch. Tumulte am frühen Sonntagmorgen! Wir konnten nur noch ein paar Kurzansagen schnell in die Mikrofone stottern. Das ehrwürdige NDR-Hafenkonzert endete in einem Inselskandal. Ein öffentlich-rechtlicher Sparversuch war kläglich gescheitert.

So weit diese spontane Erinnerung beim Stichwort Helgoland. Jetzt zurück zu unserem dramatischen Ostseetörn an einem stürmischen Septembersonntag: Unsere Brigantine ächzte und rollte und stampfte in den hohen Wellen. Horst R. von Hapag-Lloyd war Kotzweltmeister. Er konnte mit Schmackes drei Meter weit in die Ostsee kotzen. Dann versuchte er, Inge N. an der Reling zu küssen, aber deren Zunge erstickte gerade ebenfalls an bitterem Restmüll, den der Seegang aus ihrem Magen nach oben pumpte. Werner Bader, aus Köln eigens angereister Programmchef der Deutschen Welle, rief »Trutz blanker Hans!« in den Wind und fragte ein ums

13

andere Mal: »Wie lange noch bis Sonderburg?« Da hatten wir nicht mal ein Zehntel der Strecke geschafft. Es wurde schon dämmerig, da kreuzten wir immer noch vor der Schlei. Aber, merkwürdig, wir segelten, ohne überhaupt voranzukommen. Schon ziemlich kleinlaut gestand der Skipper: »Wir hängen fest!« Die Lage wurde jetzt dramatisch, weil schon Wasser überkam, die Brigantine immer heftiger schaukelte und nicht mehr aufs Ruder reagierte.

Also sprangen die vermeintlich tollsten Hechte in ihr Element, das schon ganz schön frierig kalte Ostseewasser. Rudi Bormann, der Erfinder der Kreuzfahrt, und ich, der schon mal als Dauerschwimmer einen Schiffsuntergang überlebt hatte. Allerdings in sehr viel wärmeren Wellen. Glücklicherweise verfügte die Gattin des Skippers über eine Taucherbrille. So konnten wir sehen, dass sich eine Lachsleine in unserer Schraube verfangen hatte. Das Tauchen da achtern war ziemlich riskant, weil das überstehende Heck der Brigantine nach jeder hohen Welle von hoch oben ins Wasser krachte und wir beim Auftauchen sehr darauf achten mussten, dieses Heck nicht wie eine Guillotine auf die Rübe zu kriegen.

Währenddessen versuchte oben an Deck der einbeinige Bootsmann zunächst vergeblich, die Segel zu bergen. Erst als ihm einige Seekranke halfen, gelang es wenigstens, das Großsegel einzuholen. Mit Messer und Mühe schafften wir beiden im Wasser es schließlich, die Schraube vom Fischernetz zu befreien. Wir kletterten zurück an Deck, aber froren wie die Schlotterer, ich versuchte, mich mit einem Aquavit zu wärmen, aber der konnte die Kälte in meinem Magen wohl nicht ab. Kotzen und Frieren und überkommende Wellen – die Situation spitzte und spritzte sich zu. Und es wurde dunkel. Die Batterien waren leer, es gab keine Beleuchtung.

Der Skipper versuchte nun, seine Maschine anzuschmeißen. Es machte dreimal »ruppbruppbrupp« – dann war sie wieder aus. Er versuchte es noch mal, da schrien alle auf, denn eine Stichflamme schoss aus dem kleinen Maschinenraum, es stank nach Öl und

Feuer, und dichter Qualm quoll aus dem Bauch des Schiffes. Was nun? Kein Funk, das kriegte der Skipper nicht mehr hin, absolute Dunkelheit unter schwarzen Wolken, Sturm und eine immer hilflosere Besatzung. Ich verfluchte mein Vertrauen und fragte den Skipper nach Leuchtraketen. Er grabschte im Dunkeln nach seinem Seenotkoffer, der schwamm aber schon in der Blubberbrühe, die beiden Raketen waren, verdammt, nass und unbrauchbar.

Da kam mir eine Idee: Ich kroch zu meiner wasserdichten Fototasche, holte mein noch gut geladenes Blitzgerät hervor, schwankte auf Deck, presste mich fest an den Mast und blitzte Richtung Küste. Wir dümpelten heftig im Sturm, rund zwei, drei Seemeilen vom Ufer. Irgendwo da drüben musste die Schleimündung sein, Maasholm und auch der Marinestützpunkt Olpenitz. Ich blitzte und blitzte in die Nacht. Immer wieder. Da, auf einmal aus der Ferne, stellte uns ein Scheinwerfer Morsefragen. Wir konnten nicht antworten, ich konnte nur blitzen und hoffen, dass man uns entdeckte. Später stellte sich heraus: Die Besatzung des Seenotrettungskreuzers »Kuchenbecker« am Anleger Maasholm war wegen des schweren Wetters auf Wache. Der Vormann, was für ein Glück, sah schwache Blitze aus der Ferne. Er morste uns vergeblich an. Es blitzte weiter. Mit seinem Nachtglas erkannte er unsere prekäre Lage und rief: »Leinen los!«

Dann kamen sie angerauscht mit ihrem Kreuzer und nahmen uns auf den Haken. Die »Kuchenbecker« schleppte uns nach Maasholm ein. Die Seeleute machten uns, vor allem unserem leichtsinnigen Skipper, heftige Vorwürfe. Und als ich jetzt nach Jahren meinem Freund Robinson Crusoe von diesem misslungenen Segeltörn erzählte, da machte er mich noch nachträglich zur Sau. »Ihr hättet kentern können, dann wären sie abgesoffen, deine tollen Gäste. Du hättest dich vorher informieren müssen über die Besatzung und deren Tauglichkeit für solch einen Törn im Sturm! Hoffentlich hat die DGzRS euch richtig abkassiert für Euren bodenlosen Leichtsinn!«

Nein, das hat sie nicht. Vielleicht, weil wir seit vielen Jahren alle Spendengelder von Hörern unserer maritimen Erfolgssendung an die Deutsche Gesellschaft zur Rettung Schiffbrüchiger weiterleiten. Vielleicht auch nur aus seemännischem Mitleid. Ein paar Wochen später war ich total überrascht: Ich bekam sogar eine Auszeichnung von den Lebensrettern. Weil der Vormann bestätigt hatte: »Wir wurden durch die Blitz-Signale eines Mitseglers auf die Notlage des Bootes aufmerksam. Ohne diese Blitze hätten wir den Havaristen nicht ausgemacht. Er hat Schlimmeres verhindert.« Danke, Ihr Bremer, für diese Medaille. Ich habe sie mit Dank und guten Wünschen an den Segler Frank Grube weitergegeben. Der hat sich nämlich um die Salzwasser-Literatur verdient gemacht. Und das ist mehr wert als jede olle Brigantine.

Als ich nun diese Story an seiner kleinen Reling dem Robinson Crusoe erzählte, meinte der Seeheld trocken: »Ich segle über Ozeane, ich lande auf Inseln vor dem Orinoco, ich freibeutere durch die Meere dieser Welt, und du Morsemors säufst schon in der Ostsee ab!« Na ja, er hat Freitag, und der hat ein Sprungtuch und noch beide Beine. Da kann man leicht reden, lieber Robinson. Lasst mich jetzt zur großen Seefahrt kommen. Von der Brigantine und der Sloop zum Musikdampfer, vom Segeln zur Kreuzfahrt. Und gedanklich in ein ganz anderes Fahrtgebiet:

Gürtelrose im Sturm

Südsee. Französisch-Polynesien. Inseln unter dem Wind. Kurs Papeete. Wir liefen auf schwarze, wilde Wolkentürme zu. Laue Luft. Bewegte See. Das Schiff begann zu ächzen. Knirschen hier und Poltern da. Leinen knatterten gegen weiße Masten. Deckstühle rutschten und wurden hastig zusammengeklappt, aufgestapelt, festgezurrt. Von zwei Deckstewards in dunkelblau. Ich half ihnen, um nicht nur blöd herumzustehen in der steifen Brise, die sich rasch aufplusterte zum Sturm, und sie lächelten dankbar trotz ihrer Eile. Dreisprachige Durchsage: »Ladies and gentlemen, please keep all bulleyes closed. Bitte schließen Sie fest alle Bullaugen. Fermez toutes les fenêtres s. v. p. Leave all outside decks immediately please! Alle Außendecks sofort verlassen!«

Der Wutanfall des polynesischen Wettergotts kam plötzlich. Das Paradies war sauer. Keiner wusste, wieso, warum und wenn auf wen. Der Vordersteven krachte in die Wellen. Der Kapitän nahm Power raus und ging auf Viertelkraft. Ich flüchtete von Lee in die Brücke. Die graue Sicht ging gegen Null, Unwetterwarnungen von polynesischen Küstenfunkstationen: Attention for all vessels auf Englisch, attention toutes les bateaux auf Französisch, und unser Chiefmate sagte deutsch und deutlich: Scheiße.

Alle starrten nach vorn. Der Chiefmate auf den Radarschirm. Und ich kurz mal nach hinten. Da sah ich sie. Ein Deck tiefer, wie sie sich an die Reling klammerte. Sie schaffte es nicht zurück, nicht mehr zur Mahagonitür ins Innere des Schiffs. Sie konnte nicht loslassen, wäre sonst weggeschleudert worden, nach achtern, vielleicht sogar außenbords. Sturmböen und Gischt rissen ihr die Schreie von den Lippen. Sie hatte den Mund aufgerissen, aber man hörte sie nicht.

Ich stürzte mittschiffs durch die Innentür, vorbei am Kartenhaus, die Treppe runter, wollte raus an Deck, konnte die Tür nicht stemmen, schaffte kurz nur einen Spalt, quetschte mich durch, bückte mich tief hinters Schanzkleid, möglichst tief unter den Sturm, um die zehn Meter zu ihr hinzukommen, griff in den Gürtel ihrer Jeans, riss sie fort von der Reling, wurde mit ihr übers Deck geschleudert, erreichte mit der linken Hand die Rails entlang der weißen Stahlwand, hielt mit der rechten ihren Gürtel, hangelte mich mit Mühe bis zur nächsten Tür, die ging nicht auf, der Sturm drückte dagegen, ich riss das Mädchen mit, weiter nach achtern, wir stürzten und stolperten quer übers Achterdeck nach Lee, dort kamen wir endlich rein ins Schiff und erreichten den menschenleeren Niedergang.

Als müsste ich sie immer noch halten, zog ich sie am Gürtel die Treppe hinab, erst dann wurde mir bewusst: Roddscher, Roger. Alles klar! Loslassen, lächeln, Schock verdauen. Mit weit aufgerissenen Augen starrte sie mich an. Taumelte dann wortlos weg, irgendwohin zu ihrer Kabine. Ich zu meiner. Blut vom Ellenbogen waschen, zitternd aufs Bett fallen lassen, ein Gedanke nur: Das Ding, Mann, das ist gerade noch mal gut gegangen.

Das Aufbrausen des Paradieses dauerte nur eine Nacht. Der Speisesaal erfreute sich an diesem Abend eines äußerst mäßigen Besuchs. Nur ein paar Hartgesottene aßen dort. Selbst die wenigen arbeitsfähig gebliebenen Stewards und Stewardessen hangelten sich gelblich bleich von Tisch zu Tisch. Apropos gelb: Weibliche See-Erkrankte nenne ich für mich gern »Safranetten« – das nimmt dem Übelsein das Kotzige. »Safran macht den Kuchen geel«, jeder kennt das Kinderbäckerlied, und außerdem wird Safran ja aus dem Frühlingsboten Krokus hergestellt.

Einiges Geschirr ging in dieser Nacht scheppernd in die Brüche. Die Lady Curzon schwappte aus der Suppentasse, und ihre zugehörige Chesterstange weichte auf dem feuchten Tischtuch auf. Nichts mehr war knackig, nicht mehr die Chesterstange, nicht mehr die Stewardessen und nicht mehr der Salat. Das French

Dressing klebte die Salatblätter gelblich zusammen und hielt sie auch in extremer Schieflage in ihrer Schüssel fest. Fleischklopse oder Erbsen wären vom Teller gerollt. Aber es gab zum Glück seefestes dünn geschnittenes Beef, das rutschte nur millimeterweise hin und her.

Das Dessert schenkte ich mir, auch den musikalischen Masochismus der Bordband, die – sich mühsam aufrecht haltend – im menschenleeren Saal vor sich hin saxofonierte. Den Flügel hatten sie dreifach festlaschen müssen. Der noch am Morgen in der Bordzeitung überschwänglich angekündigte Auftritt einer russischen Showtanztruppe aus St. Petersburg fiel dem Sturm zum Opfer. Wie schade, dachte ich, denn die abgebildeten Tänzerinnen waren äußerst attraktiv, aber den Lepanto XO an der Bar, den gönnte ich mir nach der lebensgefährlichen Turnerei vorhin an Deck. Auch wenn ich das Glas festhalten musste. Sonst wäre es, wie bei John Wayne im Western, stehend über den langen Tresen gesaust.

Chiefsteward Robert sagte im Vorbeigehen: »Das nächste Mal sollten Sie sich Hilfe holen!« »War keine Zeit dafür«, antwortete ich und wunderte mich, wie schnell Vorkommnisse an Bord ihre Runde machen. Irgendeiner hat's gesehen, und nach kurzer Zeit weiß es das ganze Schiff. Der Kapitän kam für ein paar Minuten in die Bar und sagte: »Sie haben schnell geschaltet, vorhin da draußen. Danke. Ich gebe einen aus. Was trinken Sie?« Dann erklärte er mir den Barometersturz und kündigte hinter der schwarzen Wetterwand, übermorgen drüben auf Tahiti, wieder schönes Wetter an. Meine sturmgepeitschte »Gürtelrose« sah ich diese Nacht nicht wieder. Ich nannte sie so für mich, die schöne Unbekannte von der Reling, weil ich sie ja nur an ihrem Gürtel hatte abschleppen können, nach Lee und in Sicherheit. Sie war nicht wieder aufgetaucht, hatte nichts gesagt und blieb verschwunden.

So dachte ich, als ich am nächsten Morgen zum »Spätaufsteher-Frühstück« in die Lido-Bar schlenderte. Dieser schönste Raum des Schiffes liegt ganz oben ganz vorn auf Deck 9, hat große Panoramascheiben und bietet herrliche Meeresblicke, frische Brötchen auch noch um elf, Kaffee, Lachs mit Meerrettich – und sofort fragte ich mich und mein eingebautes Eigen-Wikipedia, warum Meerrettich nicht Seerettich oder Landrettich heißt? Was hat dieser Rettich mit dem Meer zu tun? – Als ich dann nach vorn gehen wollte, an die Reling, und schauen, was der Wind so macht und das Meer so sagt, da kamen mir schon die ersten Restaurantgäste für das Mittagessen entgegen. Hatten wohl Hunger, die Leute, nachdem sie am Abend alle ihre vorher angefressenen magensauren Kalorien in ihre Vakuumtoiletten und an etlichen anderen sehr unpassenden Stellen ausgestoßen hatten.

An diesem Morgen an Deck war nun alles schon ein bisschen ruhiger. Decksleute hatten die Kotze weggespült, die Toiletten waren wieder sauber, aus den Lautsprechern kamen Südseeklänge, oder was manche Musikproduzenten dafür halten, es gab Bouillon aus großen Silberkannen, das Schiff wälzte sich zwar noch spürbar hin und her, aber der Bug krachte nicht mehr in die Brecher, es war mehr ein Auf- und Niedergleiten, der nachlassende Puls einer aufgeregt gewesenen Natur.

Den gestern noch wildgewordenen Brandungspool hatten sie nun vorsorglich leergepumpt, nachdem er ja einen bordeigenen Tsunami ausgelöst hatte, ohne Vorwarnung, gestern um 17.41 Uhr Ortszeit. Die Decksstühle, unter anderem auch der der dösenden, dann tösenden Wiener Witwe Frau Professor Louise-Marie von Joseftal-Erbacher, wurden jäh überschwemmt, ihre auf den Decksplanken gestapelte Reiselektüre wurde fortgespült, ihre gelbe Flasche arbeitsloser Sonnenmilch – übrigens Faktor 12 – mitgerissen, während Frau Professor schreiend und rutschend vor dieser Brandungswelle flüchtete, nicht ohne die Reederei lautstark für diese Unverschämtheit verantwortlich zu machen. Zwar war sie gar keine Professorin, aber sie liebte diesen Titel ihres 1992 in einer Tiroler Lawine vorzeitig zu Tode gerollten Mannes und ließ sich nun gerne erblich weiter so titulieren.

Ich ging da also am leeren Pool vorbei, langsam an Backbord über das noch etwas rutschige Holzdeck nach vorn, da trat plötzlich aus einem Winkel eine Gestalt im weißen Bademantel auf mich zu. Sie umarmte mich, gab mir einen spürbar herzlich langen Kuss und verschwand wieder – lautlos, schnell, geheimnisvoll. Es war die »Gürtelrose«, es war das eigenartige Mädchen von gestern.

Komisch, ich musste sofort an das Bild von Edvard Munch denken: »Der Schrei«, an dieses Gemälde, das Mädchen mit dem aufgerissenen Mund. Dieses Bild ist ja in Oslo aus dem Munch-Museum gestohlen worden und dann unter mysteriösen Umständen wieder aufgetaucht. Mir fiel ein, dass ich sie gestern da draußen nur hatte schreien sehen, nicht schreien hören. Sie hatte dagestanden, festgekrallt an der Reling im Sturm, mit weit aufgerissenem Mund, aber kein Ton von ihr war zu hören gewesen. All das zuckte durch meinen Kopf, aber ich sah sie nicht mehr. Durch irgendeine Tür war sie so schnell verschwunden, wie sie gekommen war.

Am Abend dann Showprogramm. Die Lage hatte sich normalisiert. Der Kapitän gestand in einer launigen Erklärungsrede, dass zwar 182 Teller und rund 500 Tassen und Gläser zu Bruch gegangen seien, aber keine Knochen, weder von Passagieren noch von Besatzungsmitgliedern, dass es jetzt für jeden einen Kir Royal gebe, später ein viergängiges Dinner, und dass danach die hervorragende St. Petersburger Tanztruppe ihr Können zeigen werde. Okay, dachte ich, gut, dass es kein Labskaus gibt, das hätte optisch an die vielen Spurenelemente der vergangenen Sturmnacht erinnert und abwegige Mutmaßungen über eine eventuelle Lebensmittelzweitverwendung auslösen können. So verlief alles ganz normal, jedenfalls bis 23 Uhr.

Da nämlich öffnete sich der rote Vorhang vor der Bühne, Tusch und Trommelwirbel, die Show der fünf russischen Tanzartisten begann. Ich saß ganz oben auf der Galerie und erlebte so was wie einen positiven Schock: Zwei gut gebaute Jungrussen in wechselnder Tracht, drei bildschöne Mädchen, noch blonder als die Ähren kurz vor der russischen Weizenernte im August, wirbelten über die Bühne. Und die da, ganz links, war das nicht meine »Gürtelrose«?

Ich sah ein- und zwei- und dreimal hin. Tatsächlich, es war der Inhalt des weißen Bademantels, der mich geküsst hatte, jetzt allerdings ohne Bademantel, dafür in einem rotglitzernden Minikini mit virtuosen Beinen und einem kupferrot angestrahlten Scheinwerferlächeln. Wechselnde Bilder, wechselnde Kostüme, die fünf zogen eine mitreißende Schau ab, angefeuert von den Bravorufen eines begeisterten Publikums.

Und als der Conferencier, der Beste seines Fachs, der immerjunge Rudi Büttner, dessen geschliffenen Feingeist ich schon auf diversen Schiffen hatte erleben dürfen, als der die Tänzer namentlich vorstellte, da erfuhr ich, dass sie Anastassja heiße, aber von ihren Freunden nur »Nastja« gerufen werde. Von da an konnte ich auf meine Hilfsbezeichnung »Gürtelrose« verzichten. »Hm, Nastja also«, konstatierte ich halblaut in mein Cocktailglas, und die Dame an meinem kleinen Zweiertisch mir gegenüber, da oben auf der Galerie, verstand nicht den Sinn meines Gemurmels. Sie sah mich fragend an, und ich antwortete: »Nastja.«

»Soso«, sagte sie und hatte keine Ahnung, wovon ich murmelte. Sie verstand »Nas da rowje« und prostete mir zu mit ihrem weißen Cocktail Alexander, verschluckte sich ob meines vermeintlich linkischen Annäherungsversuchs und sagte 'schuldigung. Ihre Mitteilung, sie heiße Gisela, nur mit einem i, nahm ich unhöflicherweise kaum noch wahr, denn mein Blick war längst wieder auf der Bühne. Die beiden anderen Tänzerinnen hießen, nein heißen immer noch Svetlana, also Svetja, und Masha. Die beiden Jungs Nikolai und Alexander, kurz Kolja und Sascha, sind Tanzgenies und lieben sich sehr, was ich aber an diesem Abend noch nicht wissen konnte.

Nach der Vorstellung traf ich die fünf in der Bar wieder, bei Lord Nelson, so heißt der Treff, mit dem Kreuzfahrtdirektor, der Zahlmeister-Assistentin und Rudi Büttner in lockerer Runde. Sie redeten und freuten sich auf Englisch, Russisch, Deutsch über ihren gelungenen Auftritt, über die gute Stimmung an Bord, über die Vorfreude auf Tahiti, der Kreuzfahrtdirektor gab einen aus, danke, noch einen, auch für mich, aber Nastja nickte mir nur zu, als ich anstieß mit ihr. Das Einzige, was dabei redete, waren ihre großen blauen Augen, merkwürdig magnetische Augen. Die anderen nannten mich »Gerrbert«, weil Russen ja kein »H« aussprechen können, also »Gerrbert iz Gamburg«, nur Nastja sagte nichts, den ganzen Abend kein Wort, aber ihre Augen machten mich verrückt. Bis dann alle aufstanden, zum Abschminken, Duschen, Schlafen, Vorfreuen auf Tahiti. Ich ging hinaus an Deck und sah hinter den Sternen immer wieder Nastjas Augen und dachte: Verdammt, schon wieder infiziert.

Der erloschene Sopran

Das Einlaufen in den Hafen von Papeete, das Anlegemanöver an der Croisette, dort Boulevard Pomaré genannt, nach dem gleichnamigen Inselkönig, und die musikalische und blumenreiche Begrüßung unten an der Pier lockten alle Passagiere auf die Außendecks und an die Reling. Das Wetter war gut, wie vom Kapitän vorhergesagt, die Stimmung bestens, zwei Tage sollten wir bleiben, bis es hinüber nach Moorea, dann weiter nach Bora-Bora, Rangiroa und zu etlichen anderen Inselparadiesen gehen sollte.

Ich war wieder da in »meiner« Südsee – und ich war glücklich. Ein wunderschönes Endlich-mal-wieder-hier-Gefühl. Weil mich mit Tahiti und der Südsee so viele, so schöne, so menschlich tiefe Erinnerungen und Erlebnisse verbanden – und auch immer noch verbinden. Elfmal war ich mit Schiffen da, und manchmal auch mit dem Flieger.

Und weil das so ist, hatte mich die »Bordreiseleitung« – so nennen sich die Kolleginnen wirklich – darum gebeten, die Begleitung in einem der kleineren Inselbusse zu übernehmen. Später dann wollte ich meine Freunde, die Hochseesegler, an Bord ihrer Yachten besuchen. Über Trans-Ocean, die Vereinigung der Hochseesegler mit Sitz in Cuxhaven, über die »Yacht«, die beste Zeitschrift für und über Segler, und über unseren E-Mail- und Briefverkehr wusste ich, wer zu der Zeit gerade in der Südsee war. Einer von ihnen, Heinz Hermanns aus Ratingen, war schon von seinem Boot »Dumeklemmer« herübergekommen an unsere Gangway. Wir fielen uns um den Hals, und es gab sogar ein paar kleine – na, na, na – verstohlene Männertränchen aus Wiedersehensfreude. Und Mata Hari weinte ganz offen und herzlich mit.

Heinz Hermanns war ein Verrückter der positiven Sorte. Ein Mann, der sein Heizungs-Installationsgeschäft in Ratingen aufgegeben und sich dieses 12 Meter lange Boot mit zwei Stahlmasten gekauft hatte. Beim Einrichten des Bootes klemmte er sich böse den Daumen, nannte es fortan »Dumeklemmer« und segelte damit zweimal um die ganze Welt. In Indonesien lernte er Mata Hari kennen. Sie heißt tatsächlich genauso wie die berühmte Spionin, die ja aus Djakarta stammte. Sie war 18, er Anfang 50, als sie sich beim Angeln an der Hafenmole kennenlernten, sie lud ihn ein nach Hause, er fragte ihre Eltern, es entstand Freundschaft, aus Freundschaft Liebe, sie blieb bei ihm an Bord, und ich habe selten zwei so glückliche Menschen gesehen wie diese beiden, und zwar über viele Jahre.

Mata Hari war noch viel schöner geworden, als ich sie in Erinnerung hatte. Da sie schon ein paar Monate hier in Papeete lagen, war Heinz Hermanns mittlerweile polynesischer Schach-Groß-meister, wie mir Mata Hari ein bisschen stolz und halbleise ins Ohr erzählte. Und sie? Sie posierte, meist nur mit Blütenkranz im Haar, als Model für den bekanntesten Postkartenfotografen von Tahiti. Zuerst gab es wohl Einsprüche eifersüchtiger Inselschönheiten, weil indonesisch ja nicht gleich polynesisch ist, aber bald schon liebten alle Mata Hari, ihre Herkunft spielte keine Rolle mehr, und der asiatische Gelbstich ihrer Haut hatte sich hier dem einheimischen Hellbraun angepasst.

Den Käufern der nacktidyllischen Hochglanzkarten waren derlei Besonderheiten eh egal. Jedenfalls hatten die beiden, sie durch ihr Modeln und er durch seine Siegprämien, ein ganz gutes Auskommen. Denn ihre Schönheit leuchtete von hundert Postkartenständern, meist als beauté-nue, in türkisen Wellen, an schrägen Palmen lehnend und unter rauschenden Wasserfällen planschend. »Ja, ja, Mata Haris nackter Achtersteven ist der meistfotografierte Polypo zwischen Tonga und Tahiti«, meinte Heinz Hermanns trocken. Für den Abend verabredeten wir uns zum Austern-Schlürfen auf der »Dumeklemmer«.

Mein Bus ging als letzter auf die Inseltour, so konnte ich vorher von oben noch eine Weile das bunte Treiben unten am Kai beobachten. »Wir wollen mit dir mitfahren, in deinem Bus«, sagte Svetja, die St. Petersburger Tänzerin, als ich so dastand, gedankenversunken an der Reling in der Morgensonne. »Wie schön«, freute ich mich, »habt ihr euch angemeldet?« »Ja klar, wir kommen als Crewmitglieder mit.« »Alle fünf?« »Nein. Aber Nastja will so gern mit dir mitkommen, und ich muss sie ja begleiten.« »Muss?« »Ja.« Pause. »Nastja will dir ein Geständnis machen.« »Geständnis? Jetzt hier an der Reling?«

»Ja, du hast es sicher schon bemerkt. Nastja kann nicht sprechen.« »Ich habe mich gewundert, aber hab's für Schüchternheit gehalten.« »Sie hat – keine Stimmbänder mehr.« Ich drehte mich von der Reling um und schaute den beiden in die Augen. »Was ist passiert?« Svetja schaute ihre Freundin fragend an. Die nickte ihr zu. »Wir reden sonst nicht darüber. Aber Nastja meint, du sollst es wissen. Man hat sie stumm gemacht. Die Stimmbänder entfernt. Damals.«

Weiter kam sie nicht. Nastja bekam einen Weinkrampf. Ich nahm sie in den Arm. Stellte keine Fragen mehr. Streichelte ihr übers Haar und spürte: Etwas Schlimmes musste passiert sein. Wann auch immer dieses »Damals« gewesen ist. Eine Tragödie – die mich hier plötzlich berührte, hier mitten in diesem Südseeparadies. »Wäre schön, wenn du hier an Bord nicht weiter darüber redest«, sagte Svetja, als sie gingen. »Bis nachher, im Bus, ich freue mich«, stammelte ich, überrascht und ein bisschen fassungslos.

Ich konnte die ganze Stunde bis zur Abfahrt nichts anderes mehr denken und hätte mich doch konzentrieren sollen auf meine Aufgabe als Busbegleiter mit der Nummer 7 auf der Kelle. Als ich dann beim Einsteigen meine Schäfchen zählte, kamen Svetja und Nastja eingehakt und fröhlich angelaufen. »Na, wollt ihr den Vahinés von Tahiti den Rang abtanzen?«, fragte ich, als ich sie in ihren minikurzen bunten Röckchen sah. Auf ihren roten T-Shirts stand in weißer Schrift: PETERSBURG – PARIS – PAPEETE. Ihr

Dress war eine freche Mischung aus Hula-Hula und Lambada, aus Cheerleader und Tennis-Kurnikowa. Jedenfalls reckte der Bus erfreut den Hals.

Aber dann verabschiedete sich Svetja. »Pass auf sie auf. Sie möchte es mal allein versuchen. Ohne mich. Musst du bitte verstehen.« »Na klar, dank dir für dein Vertrauen. Willst du wirklich nicht mitkommen?« »Nein, Nastja will kein Kindermädchen. Sie will es mehr und mehr alleine schaffen. Sie wird dir gelegentlich Zettel schreiben. Auf Englisch, ist das okay?« Ich platzierte Nastja in der ersten Reihe hinter den Fahrer, der sein besonderes Südseefranzösisch ins Mikrofon heiserte: »Je m'appelle Joujou«, und dann seine Bordlautsprecher auf volle Lautstärke drehte, und los ging es rund Tahiti.

Ab und zu drehte ich Joujous Lautsprecher leise und erzählte meinen Passagieren über die Insel, die Menschen hier, über ihre Geschichte und über Paul Gauguin – natürlich stoppten wir am Gauguin-Museum –, aber nicht nur nachlesbares Reiseführerwissen, sondern auch über das andere, das Inseltypische, und so hielten wir auch an anderen Stellen als die anderen Touristenbusse. Deswegen buchen mich die Insider unter den Passagieren gern, und mir machen solche Touren Spaß.

An diesem Tag, so kam's mir vor, redete ich nur für die stumme Schönheit auf Platz 2 am Fenster, die an meinen Lippen hing, die den Rhythmen aus den Riesenboxen folgte, mir einen kleinen Zettel reichte, auf dem stand: »I've sung so much, I like the music, have had a very nice soprano.« Ich sah sie an, und ihr standen trockene Tränen in den Augen, sie wiegte den Kopf zum Tamouré, lächelte mir zu, warf mir fröhliche Kusshändchen zu, ich lächelte zurück und wollte sie küssen und konnte sie nicht küssen, nicht hier, aber ich versuchte, ihr und mir und uns allen einen unvergesslichen Tag zu machen.

»Sind Foto-Freaks unter euch?«, fragte ich ins Mikrofon. »Yeah!«, brüllte meine kleine Menge zurück. – »Sind Wasserplanscher unter euch?« »Yeah!!« Also gab ich Joujou das Zeichen, am schönsten Wasserfall von Tahiti anzuhalten. Ich kannte die Stunde, in der das Licht hier faszinierend wirkte. Die nassen Felsen begannen, wie große Saphire zu schimmern, der Wasserfall schäumte wie himmelblauer Champagner von ganz da oben in die Tiefe, die Kaskaden schienen wie aus verdünnter Tinte, und ich zog nach dem kleinen Anmarsch Latschen, Hemd und Hose aus, schwamm hinüber unter die tosende Wasserwand, genoss die heftige Massage des stürzenden Wassers, das rüttelnde Hämmern auf Schultern und Genick, sah Nastja, die sich für dieses nasse Abenteuer hier textil nicht ganz gerüstet fühlte, deshalb fragend zu mir herüber sah, mir zuwinkte und die Schultern zuckte.

Ich nickte ihr aus dem Wasser zu, zeigte mit dem Daumen nach oben, sie verstand, ließ Rock und Shirt und alles fallen, so schnell, dass ihr winziger Lambakini aus Versehen alleine baden und mit der Strömung rasch verloren ging. Sie kopfsprang dann einfach nackt in dieses Naturbassin der reinen Lebensfreude, schwamm auf mich zu, umarmte mich, gemeinsam holten wir Luft, tauchten unter der herabstürzenden Flut hindurch hinter den Wasserteppich, wir küssten uns, und ich lernte, dass man auch stumm jubeln und juchzen kann vor lauter prasselndem Glücksgefühl.

Wir waren glatt zwei Stunden länger unterwegs als die anderen Ausflugsbusse, aber »meine Leute« waren wie im siebten Himmel, obwohl sie das Abendessen an Bord verpassten. Sie bedankten sich immer wieder, gaben Joujou gutes Trinkgeld, »très très bon«, freute sich der, alle waren high und ausgelassen, sogar die fast 80-jährige Frau Professor von der Donau, und auf Nastjas Schmunzelzettel mit »Sorry, no more underwear« reagierte ich einheimisch: »Ça fait rien, ma chère«, und nahm sie mit zu Heinz auf seine leuchtend blaue »Dumeklemmer« mit den beiden Silbermasten, wo wir bei Austern, Muscheln und Inselwein über alte und neue und zukünftige Erlebnisse schwadronierten, bis uns Mata Hari die breite Gästekoje offerierte.

Die beiden hatten kaum die Sprachlosigkeit meiner Begleiterin bemerkt, weil sie selbst ganz glücklich waren, mit einem alten Freund und Fahrensmann mal wieder heimisch klönzuschnacken. Nastja fand in einer Auster eine Miniperle, stieß mich lachend an und freute sich wie sich Kinder freuen, küsste die kleine Kugel und steckte sie mir vorn in meine Hemdtasche. Ich genoss ihre kleinen Gesten und stellte später für mich fest: Die schönsten Augen werden noch viel schöner, wenn sie vor Seligkeit geschlossen sind.

Am nächsten Tag erkundeten wir Papeete. Die vielen schönen Vahinés auf ihren bunten Motorrollern begeisterten uns, und so mieteten wir auch so einen, einen weich gefederten 125er-Peugeot-Roller in Metallicblau. Ich vorne drauf, sie, eng dahinter, umschlang mich im Fahrtwind, wir rollten lachend in diese Bucht und jene Bucht, sie wollte auch mal fahren, ich sagte: »Non, ma chère!« – denn man stelle sich vor: der kleinste Sturz und dessen Folgen – etwa abgeschürfte Haut an ihren langen Galabeinen, aufgeschlagene Knie oder gar ein Knochenbruch – das wär' der GAU für eine Tänzerin!

Irgendwo konnten wir uns Flossen und Schnorchel leihen, schwammen nackt hinaus an die Riffkante und erlebten die bunte Unterwasserwelt von oben. Erst als zwei ziemlich große Steinbeißer unseren Kurs kreuzten und deutlich hörbar Gestein und Korallen zerkauten, bekam Nastja Angst und klammerte sich an mich. »Die sehen durch die Taucherbrille größer aus, als sie tatsächlich sind! Sie sind harmlos!«, erklärte ich ihr. Aber sie wollte zurück und lieber wieder weiterrollern.

Die meisten Perlenhändler haben ihre Läden am Boulevard Pomaré. Wir fuhren ein paar Hundert Meter weiter Richtung Fischmarkt und fanden meinen alten Black Pearlisto, der sich immer amüsierte, wenn ich ihn im Scherz »Monsieur Alain« nannte, weil er doch dem alten Delon so ähnlich sah. Er wusste, dass ich von seinen tollen schwarzen Perlen die mit dem dunklen Grünschimmer am liebsten mochte, und von denen wiederum die nicht ganz regelmäßig runden, die edlen Missgeburten, diese reizvollen Unikate mit ihren kleinen Fehlern, angelandet aus der Perlenzucht von Rangiroa.

Kann man das Wort »besonders« steigern? Jedenfalls die Besonderste von diesen besonderen schwarzgrünen Perlen hängte ich Nastja um ihren schlanken Schwanenhals. Sie trat vor den Spiegel und fiel mir voller Freude um meinen sehr viel weniger schwanigen Hals. »Hat diese Perle dir die Sprache verschlagen, jeune fille?«, fragte Monsieur Alain, und ich antwortete für sie: »Ma petite Nastja ne parle pas parcequ'elle est trop heureuse«, was so viel heißt wie: »Meine kleine Nastja kann vor Glück nicht sprechen.«

Dann tat ich etwas, was man nie, nie, niemals machen sollte, aber dieser Fauxpas geschah in voller Absicht: Ich kaufte zwei weitere ganz ähnlich schimmernde Perlen, ließ sie liebevoll verpacken, sah Nastjas fragenden, erstaunten Blick, schrieb auf das eine Kästchen »Svetja« und auf das andere Kästchen »Masha« – und erlebte eine spontane Liebesgeste, die mich innerlich noch mehr berührte als ihre warmen Lippen auf der Haut. Nastja griff nach meiner Hand und küsste sie mit geschlossenen Augen so innig, so zärtlich, so lange – dass ich die Szene nie vergessen habe. In einem Reflex eines flachen »Nicht doch!« wollte ich meine Hand wegziehen, aber ich ließ sie und war angerührt.

Man muss das verstehen: Ihre beiden Freundinnen haben Nastja über Wasser gehalten, als sie zu versinken drohte. Haben ihr auf eine besondere Weise das Leben gerettet. Mein Geschenk hier deutete sie richtig: drei unter Wasser gewachsene Perlen für drei Perlen *über* Wasser. Also äußere Symbole für ihren inneren Zusammenhalt. »Cadeaux pour trois?«, fragte Alain erstaunt. »Ja, für drei Menschen, die in Gefahr ganz eng zusammenhalten.« »Mes compliments pour toutes les trois«, sagte Alain Delon verwirrt, aber nicht verworren. Er wunderte sich und schüttelte den Kopf. Nastjas Mund blieb auf meiner Hand als trüge ich den Fischerring des Papstes …

Übrigens: Die ganze brutale Wahrheit über Nastjas Drama habe

ich erst später erfahren, erst nach unseren wunderschönen Süd-
see-Höhepunkten. Ihr bitteres Geständnis an der Reling. Draußen
auf dem Pazifik. Mit Svetjas und Mashas Hilfe und auf kleinen
Zetteln. Notizen, die nach dem Lesen stets sofort als Kügelchen
nach Lee ins Meer geworfen wurden. Soll ich's hier kurz zwischendurch erzählen?

Also: Sie haben mir die beiden schmalen Narben an Nastjas
Hals gezeigt. Dünne senkrechte Operationsnarben. Da war ein
Auftrags-Chirurg am Werk, ganz offenbar ein Fachmann, erkann-
te ich. Ein medizinischer Verbrecher mit silbernem Äskulapstab
auf dem Uniform-Ärmel? Ein Schiffsarzt, von der Mafia gekauft?
Mich erschütterte dieser Anblick, diese Verstümmelung aus
Rache, dieses Verbrechen als Warnung für andere.

Sie beschrieben mir Nastjas vergebliche Flucht vor den schwarzen Lederjacken und ihren Methoden. Ihre Flucht um die halbe
Welt. Über Land und über See. Aber die Mafia war überall. Die
gejagte Häsin hatte keine Chance gegen die Stacheln dieses Igels.
Auch nicht an Bord, selbst unter Bahama-Flagge nicht. Auf dem
Schiff, auf dem sie damals gesungen hat, im echten und im über-
tragenen Sinn, allein und schutzlos und erst 22, leichtsinnig und
viel zu erfolgreich. Da auf dem vermeintlich sicheren Schiff haben
die reisenden Greifer sie gegriffen. Eines nachts mit Äther betäubt,
hinter dem Vorhang, gleich nach dem langen Schlussbeifall für
ihrem Auftritt.

Dies alles berichteten mir die drei, auch nach vielen Monaten
noch geschockt, immer wieder von Wut und Tränen unterbrochen, hier an der nächtlichen Reling. Aber das begeisterte internationale Kreuzfahrtpublikum, all die Herren in ihren weißen Din-
nerjackets und all die Damen in ihren seidenen Roben, die ahnten
nicht, was sich damals nach Nastjas Liederabend zwei Decks höher
im Bordhospital ereignete. Dort begingen »Unbekannte« diesen
miesen Mord an einer wunderschönen Stimme, weil diese Stimme angeblich Verrat begangen hatte.

Keiner wusste später irgendetwas. Keine Zeugen. Keine Aussagen. Nur Achselzucken. Auch bei der Polizei im nächsten Hafen. Nichts. Nur Schweigen. Und Angst. Und Nastjas Verzweiflung. Stumm und gemein verstümmelt versuchte sie die Kommunikation auf Zetteln. Aber auch Nastja hatte den Täter in ihrer Narkose nicht gesehen und konnte ihn also nicht beschreiben. An Vermutungen war die Polizei nicht interessiert.

Hinter solchen Aktionen der Mafia steckte der damals einträgliche Export russischer Künstler und Künstlerinnen in den Westen. Musiker, Artisten, Schlangenmädchen, bühnentechnisch »Flexigirls« genannt, Sänger, Tänzer, Tänzerinnen, alle hochausgebildet und in ihrer Heimat tiefbezahlt, wurden von mafiösen Vermittlern nach Westeuropa, nach Nahost und sogar Amerika geliefert. Von ihren Einnahmen im Westen hatten sie die Hälfte abzugeben an die Abholer mit dem harten Akzent. An die Handaufhalter mit dem scharf rollenden russischen »R«.

So kamen damals – und kommen teilweise heute noch – fast alle Musical-Besetzungen aus dem unerschöpflichen Reservoir russischer, belorussischer, ukrainischer, kasachischer, bulgarischer und serbischer Konservatorien und Tanzakademien. Allerdings ist aus einst kriminellen Methoden so etwas wie eine globalisierte Personalvermittlung geworden. Viele der Artisten kommen von der berühmten Zirkusschule in Kiew, und auf Deutschlands größter Clubschiff-Flotte tanzen nach wie vor komplette ukrainische Ensembles.

Russische und ukrainische Artisten sind hochtrainiert und kosten immer noch sehr viel weniger als amerikanische, britische, französische oder deutsche Künstler. Sie singen und spielen in London und Hamburg, sie tanzen am Broadway und in Paris, sie begeistern auf Dutzenden von Kreuzfahrtschiffen und in mancher gott-ungewollten Bar von Dubai und von Abu Dhabi, von Sharm El Sheikh und auch am Nil. Und dass die Mafia immer noch ihre Hand mit im Spiele hat, das sagen sie einem nur sehr vertraulich und privat.

Nastja hatte drei verhängnisvolle Fehler gemacht: Sie hatte sich geweigert, der Mafia die übliche Provision zu zahlen, jedenfalls in der geforderten Höhe, sie hatte sich um polizeiliche Hilfe bemüht, als man ihr drohte, natürlich vergebens, und außerdem kam sie einer mafia-gepushten Konkurrentin in den Weg. So entstand eine brisante Mischung aus Konkurrenzneid, Künstlerkrieg und Kriminalität.

Sie konnte ihrem ferngesteuerten Schicksal nicht entgehen, ihrer mehrfach angedrohten »Bestrafung«, die dann besonders abschreckend für andere »abtrünnige« Artisten vollzogen werden sollte. Der andere, der rivalisierende, oligarchisch hinaufkorrumpierte Sopran blieb mafiatreue Siegerin. Übrigens: Nastjas künstlerische Ambitionen standen der älteren Rivalin schon im Wege, als sie gerade 18 war. Schon auf dem Konservatorium wurde sie bedroht.

Nastjas Ängste verbieten mir, weitere Einzelheiten dieses Dramas darzustellen. Ihre Ängste waren und sind immer noch begründet. Ich fragte sie da oben an der Reling: »Angst wovor?« Auf einen Zettel schrieb sie hastig: »Look out, dear!« Und als ich fragte: »Who?« – da machte sie mit beiden Händen eine Schüttelbewegung wie ein Barmixer und schrieb: »He's a sleeper«, und schluckte das Papierkügelchen hinunter. Also der? Der Barkeeper im »Lord Nelson«? Der nannte sich Joseph aus Murmansk. Das wusste ich, weil ich ihn nachts auf dem Barhocker mal gefragt hatte, wieso er als Russe »Joe« gerufen werde.

Wir hatten da alleine an der Bar gesessen, er dahinter, ich davor, und wir wodkalauerten noch weit nach Mitternacht, und er antwortete: »Cause my name is Joseph.« »Joseph?«, fragte ich ungläubig. »Joseph is a holy name?« »Then Stalin was a holy man?«, grinste er zurück, aber mehr wollte er nicht sagen. Dann redeten wir, Stichwort Heimathafen Murmansk, über den tragischen Untergang des russischen U-Bootes »Kursk« im August 2000, über die 118 damals ertrunkenen Seeleute, und Joe schimpfte glaubhaft über die viel zu langsamen Rettungsmaßnahmen der Roten Flotte und das Versagen des Admirals Popov, sogar über Putin, der damals zu spät seinen Urlaub abgebrochen habe. Jetzt, Tage nach diesem Wodka-Dialog hier oben an der Reling, wurde mir klar, dass »Sleeper« mitschimpfen müssen, um glaubwürdig für andere zu bleiben.

Und vor Pjotr warnten mich die drei Mädchen da oben mit den Ellenbogen auf der nächtlichen Reling. Er sei der »bamboo man« im Agenturauftrag. Den bezeichneten sie so auf Englisch wie ihre Kolleginnen am Broadway ihre »educators« und »chorus liners«. Weil er im Hintergrund und auf dem Mannschaftsdeck mit seinem gefürchteten Bambusstöckchen all die russischen, weißrussischen und ukrainischen Stewardessen, Wäscherinnen und Köchinnen dirigiere. Und als ich fragend schaute, streckte Svetja ihr anatomisches Zielgebiet nach hinten. Effektive Verfahrensweisen eben.

Die drei Tänzerinnen da oben an der Reling machten mir klar, dass alle die, die über diese Heuer-Agenturen in Odessa und Limassol an Bord vermittelt wurden, unter zwar diskreter, aber strikter Aufsicht arbeiteten, und dass dieser »bamboo man« und seine resolute Oberstewardess dafür zu sorgen hätten, dass der Bordbetrieb reibungslos funktionierte. Das sei so der Reederei als Leistung vertraglich zugesichert. Okay, dann hat die Mafia wohl auch bei dieser Art der Arbeitsvermittlung ihre Hände mit im Spiel, wurde mir klar. Überall verdienen die schwarzen Lederjacken mit. »Auch bei euch, bei den Künstlern?« Svetja hob ihren Rock und sagte deutsch und russisch doppeldeutig: »Da.«

Ich verstand, und wir vereinbarten, für alle anderen tausend Augen an Bord, für Besatzung und Passagiere, von nun an unsere Verbindung möglichst unauffällig zu halten. »Let's meet only ashore«, schrieb Nastja und warf das Papierkügelchen sofort ins Meer. An Bord spielten wir von nun an Fremde und trafen uns nach Möglichkeit nur irgendwo an Land. Wo, das sollte auf dem kleinen

Zettel stehen, den ich jeweils tags zuvor unter die schwarze Dame achtern auf dem Freiluft-Schachfeld kleben sollte. Ich fragte Nastja noch, ob man den Verlust ihrer Stimmbänder nicht mit so einem Gerät ausgleichen könne, das manche an Kehlkopfkrebs operierte Patienten tragen, aber da winkten die drei nur traurig ab. Nastja schrieb: »Horrible.«

Wir mussten auf See also zertrennlich sein. Die drei Mädchen untereinander aber waren sichtbar unzertrennlich. Glücklicherweise hatten Svetja und Masha ihre Freundin Nastja aufgefangen, als sie, damals – verstümmelt und auch seelisch tief verletzt – sich hatte umbringen wollen. Sie hatte in Russland nicht nur Gesang studiert, übrigens am gleichen berühmten Petersburger Konservatorium, an dem schon Peter Tschaikowsky lernte und lehrte, sondern auch Tanz, so wie ihre beiden besten Freundinnen, und daraus zimmerten die drei dann eine eigene, eine kleinere Karriere. Mit ihren beiden schwulen Kommilitonen gründeten sie ihr artistisches Tanzquintett – mit sichtbarem Erfolg.

Sie haben ihr Auskommen, auch wenn andere mitkassieren. Nastja wird nie wieder singen. Ihre wunderschöne Stimme schweigt für immer. Aber aus ihren Anfängen am Konservatorium gibt es eine CD. Die hat sie mir geschenkt. Ihr Lied »fotografia« beschreibt wehmütig das Bild ihrer gestorbenen Mutter. Dieses Lied kann ich nur ertragen, wenn ich ganz alleine bin. Ans Grab meiner eigenen Mutter darf mich ja auch kein anderer begleiten …

Doch vor diesem bitteren Geständnis an der Reling waren wir ja abgetaucht in unser Südseeglück, und ich will jetzt lieber mehr über das Paradies erzählen als über die Hölle. Mehr über Nastjas Glück als über das Verbrechen, das an ihr begangen wurde.

Die Südseeinseln sind aus Hunderten von Vulkanen entstanden. Jede Insel ist umringt von einem Atoll, an dem die dunkelblaue Tiefsee sich außen bricht und innerhalb des Rings zu türkisfarbenem Flachwasser changiert. Im Laufe der Jahrhunderte hat ein tiefgrüner Pflanzenteppich diese erloschenen Vulkane überzogen, ein leuchtendes, sattes Immergrün, das von ferne, von See her und von oben aus der Luft, aussieht wie grüner Velours über einer Vielfalt von Zacken und Zinnen, von Graten und Grotten, von Bergen und Buchten. Ein lebendiges Paradies jeder erloschene Vulkan! Nastja – ist der erloschene Sopran.

Marlon Brando und die Missionare

Von Papeete verholten wir dann die kurzen 30 Meilen hinüber nach Moorea, für mich eine der schönsten Inseln der Welt, auch heute noch, trotz mancher Tourismus-Sünden. Aus der Luft verschlägt einem der Anblick von Tahiti, Moorea, Bora Bora und all den kleineren Motus und Atollen einfach nur den Atem. Deshalb bin ich etliche Male mit der kleinen Propellermaschine den Traumkurs von Papeete nach Moorea geflogen und umgekehrt, eine halbe Stunde nur, aber jedes Mal wieder ist es ein Ausnahmezustand aus Staunen und Andacht: tintenblau und türkis das Meer, leuchtend grün die Gebirge, dunkelgrün die tiefen Schluchten, schneeweiß die Korallenstrände und pechschwarz die Lavaküsten. Ich verstehe die, die für immer hier hängen geblieben sind in Polynesien. Künstler, Kenner, Weltumsegler – wohlhabende Aussteiger und arbeitsame Genießer. Maler, Fotografen, Farbfetischisten ... »Polynesiasten«, wie sich manche selber nennen.

Auf dem Vordeck des Schiffes, die Arme auf der Reling, gleitet man in die Cook's Bay von Moorea wie in ein unwirkliches Paradies. In eine Traumkulisse. Geständnisse hin, Geständnisse her – hier redet keiner mehr. Hier klicken Kameraverschlüsse, hier sagt mal einer überwältigt: »Oh, mein Gott, wie schön!« Aber so richtig reden will hier keiner. Wir hatten das Glück, dass sich nicht nur ein klarer blauer Südseehimmel über Moorea wölbte, sondern wilde, gewaltige Wolkentürme in diesen Himmel ragten. Eine dramatische Szenerie. Die Sonne zeichnete gleißende Strahlen, die wie überirdische Scheinwerfer durch die Wolkenspalten hinunter auf das Meer leuchteten. Es war grandios, aber bevor ich mich hier literarisch überschlage vor Begeisterung, sag' ich's ein bisschen jünger: Es hat mich, es hat uns alle »total geflasht«.

Die Cook's Bay ist ja ein Magnet für Segler. Rollo Gebhard mit seiner Angelika war gerade da, Gerhard aus Usingen mit seiner »Schalom«, Heinz Hermanns kam mit seiner »Dumeklemmer« rübergesegelt, und unten an der Pier warteten schon Helmuth und Anne Hörmann aus Berlin. Die waren mit ihrer Yacht »Kleiner Bär« vor Jahren zu ihrer Weltumseglung aufgebrochen und dann, nach sechs Monaten auf See, hier hängen geblieben. Auf Moorea wollten sie das »Bergfest« ihres großen Törns feiern, aber dann wurde die Insel ihre zweite Heimat. Anne wurde Mitarbeiterin im Club Bali Hai, Helmuth vercharterte sein Boot an Gäste.

Bald nach ihrer Ankunft drehte Hollywood genau hier in der Cook's Bay den legendären Filmklassiker »Meuterei auf der Bounty«. Marlon Brando spielte in diesem ersten Bounty-Film den Chiefmate Fletcher, den Gegenpart des bösen Captain Bligh, und Helmuth Hörmann – wild geschminkt – einen muskulösen Inselpotentaten. Der Regisseur hatte ihn unter den Statisten als markanten Charakterkopf entdeckt. Vom Hochseesegler zum Hollywoodschauspieler, die unverhoffte Karriere eines Berliner Industrie-Aussteigers. Diese ganze Geschichte gestand er mir an der Reling seines Bootes, mit dem er uns, die stumme staunende Nastja und mich, gleich nach unserer Ankunft durch diese atemberaubende Cook's Bay schipperte.

Das Boot war sein Lebensunterhalt geblieben, er vercharterte es an Taucher und Angler und Romantiker, nicht bareboat, sondern mit sich selbst als Skipper, ein Job, mit dem er sich sein polynesisches Dasein verdiente. Außerdem war er Inselbriefträger, fuhr mit seinem Roller von Haus zu Haus, von Hütte zu Hütte, von Hotel zu Hotel, lief auch viel zu Fuß, war immer barfuß, hatte eine dicke gelbe Hornhautsohle unter seinen Füßen und bald viele Freunde auf der Insel. Davon profitierten wir. Nastja und ich wurden herumgereicht wie Sehenswürdigkeiten, dabei war nur sie tatsächlich eine. Ihre feminine Optik, diese Mischung aus sportlicher Tänzerin und weicher Zartheit, erschien manchem Gastgeber als Naturereignis aus einer anderen, einer blonderen Welt.

Sie hatte ihre stumme Menschenscheu fühlbar überwunden, meinte auf ihren Zetteln, das habe sie auch mir zu verdanken, weil ich ihr Handicap so »funny« und so »easy« übergehen würde, und sie schrieb: »I fell in love with you«, was nun wiederum mich ganz sprachlos machte. Diese sechs Worte kleben noch heute auf der Rückseite meines liebsten Fotos: Als sie am Ufer der Baie de Cook auf ihrem blauen Handtuch für ein halbes Stündchen eingeschlafen war, machte ich von ihr das Foto ihrer Träume. Sternstunde, nein, Sternsekunde eines Fotografen ...

»Mensch, man kann ja verstehen, dass die Seeleute von der ›Bounty‹ damals genau hier zu meutern begannen und nicht wieder zurück an Bord wollten, um die blöden Brotbäume nach Jamaica zu bringen. Hier begannen sie, gegen ihren verhassten Captain Bligh zu rebellieren«, eiferte sich noch 200 Jahre später mein Freund Hörmann an der Reling seines Bootes. »Stell dir vor, nach all diesen schrecklichen Wochen auf See waren sie hier gelandet, nicht nur auf dieser Märcheninsel, sondern vor allem bei – wie viele dieser heißen Liebschaften sind überliefert? – also bei 36 der schönsten Inselmädchen! Und ich habe sie laut Regie den sailors untergeschoben – leider nur verbal und 200 Jahre später.«

Übrigens, diese zweibeinigen, hellbraunen, fröhlichen, freien, stolzen Vahinés (tahitianisch »Va hiné« = das junge Mädchen), diese filles de fidelité, wie Gaugin sie nannte, sind keine Fabelwesen vergangener Zeiten, sondern auch aktuell eine sehr sichtbare Attraktion der Südsee, das feminine Ergebnis einer jahrhundertelangen Menschenmischung aus eingeborenen Insulanern, fremden Seefahrern, Europäern, Asiaten, Maoris, und – nach Thor Heyerdals Kon-Tiki-Theorie – sogar Indios und Azteken Südamerikas. Diese Frauen wirken merkwürdig magnetisch auf jeden, der sie sieht. Sie sind zu lebendigen Wahrzeichen Ozeaniens geworden. Sie haben alles und immer überlebt, sind nie erkaltet wie die Magma ihrer Berge, sondern glühen fröhlich für das Leben und die Liebe.

So sah ich sie auch diesmal wieder überall, mit ihren Blüten-
kränzen aus der weißduftenden Tiaré, der lila Bougainville, dem
Hibiskus und der Frangipani, kunstvoll verwoben in ihr glatt-
schimmerndes schwarzes Haar, sah wieder ihr certain sourir, dieses gewisse Lächeln, meist mit Strahle-Zähnen, die sich so leuchtend weiß erhalten, weil sie rohen Fisch frisch von der Angel essen,
statt friteusenfette Pommes in sich hineinzustopfen, und weil sie
Kokosmilch statt Cola trinken.

Man sieht sie überall – in ihren bunten Pareos, die im Fahrtwind
ihrer Motorroller immer mehr enthüllen als verdecken, in ihren
Booten mit den markanten hohen Vordersteven, auf denen sie
leben und lieben und wohnen und thronen. Übrigens, wenn ihr
Blütenkranz, der Ya, am Steven hängt, ist dies das allgemein geach-
tete Zeichen: Besetzt, ich habe Besuch. Vahinés kichern als Ver-
käuferinnen hinter ihren Flattertücherständen, sie bieten fang-
frischen Fisch am Hafen an, sie tanzen bei vielen Gelegenheiten,
und manche sind sogar Busfahrerinnen. Wenn es dunkel wird,
sieht man sie gelegentlich als nackte Perlenfischerinnen, die sich
auf wiegenden Auslegerbooten abends heimwärts singen.

Mein weitgesegelter Salzwasserfreund, der eingebürgerte Moo-
reaner Helmuth Hörmann, ließ mich da an seiner Reling wissen:
»Die Mädchen fallen so auf, weil es hier verhältnismäßig wenige
sichtbare Männer gibt. Die sind auf See, als Fischer, oder über See
als Arbeitsuchende an ferneren Gestaden, als Nautiker auf vielen
Brücken, als Maate und Matrosen in vielen Marinen dieser Erde,
vor allem in der französischen, denn Polynesier gelten als die besten Navigatoren der Welt. Ihre Vorfahren haben schon die Weiten
des Pazifiks befahren, als wir noch nicht mal Koggen hatten!«

Und außerdem, so habe er erfahren, würden in den Inselwelten
Polynesiens seit vielen Jahren, seit die verhassten Missionare abge-
zogen sind, viel mehr Mädchen geboren als Jungen. Ob das stimmt
und woran das liegt, könne er nicht sagen. Aber ihm solle es ja nur
recht sein, wie es ist. »Denn immer, wenn mehr Mädchen geboren

werden, bleibt es friedlich.« »Wer sagt das?«, wagte ich einen Einwand.

»Die Statistik. Sie sagt auch: Vor Kriegen steigen die männlichen Geburtenraten in den betreffenden Gegenden dieser Welt, so als sei die Natur bemüht, den absehbaren Tod vieler Soldaten schon vorher auszugleichen.« Ich dachte nach über seine Worte. In Nahost und in Schwarzafrika werden zurzeit viel mehr männliche Nachkommen gezeugt als weibliche. Auch in Indien und Pakistan. Der Gazastreifen ist eine Welt wütender Männer. Palästina brodelt männlich.

»In den Dreißigerjahren des vergangenen Jahrhunderts war das in Deutschland ähnlich«, belehrte mich der denkende Segler, oder der segelnde Denker, »vor dem Zweiten Weltkrieg gab es in Deutschland überwiegend Jungsgeburten. Dann hat der Krieg die jungen Männer weggefressen.« »Und nach dem Krieg?« »Klar, eklatanter Frauenüberschuss!« »Und jetzt, neun Jahre nach der Jahrtausendwende?« »Jetzt haben wir in Westeuropa immer noch – glücklicherweise – Frauenüberschuss«, meinte mein Seglerfreund. »Also scheinen wir nicht kriegsbedroht zu sein«, konstatierte ich zufrieden.

»Scheint so zu sein«, sagte er und kam zurück auf seine neue, seine polynesische Heimat: »Jedenfalls haben die Südseemädchen den Ausbruch der Vulkane, die Bounty-Meuterer, das Wüten brutalster Missionsfanatiker, das Modeln für Gaugin, die französischen Atomversuche auf dem Muroroa-Atoll, die Harakiri-Kriegsjapaner, die Raketenstationierung auf Guam und den Besuch selbst amerikanischer Kreuzfahrtschiffe überlebt. Sie werden auch dich und mich überleben«, meinte Helmuth dort an der Reling seines Bootes »Kleiner Bär«.

Dann kam er vom »Kleinen Bären« zur großen »Bounty« und erzählte weiter, wie also damals, 1788, der amtierende Inselkönig die schönsten seiner beautées d'île, seiner Inselmädchen, den Seeleuten aus einer fernen Welt namens Europa schenkte. »Schenkte?« »Ja, manche Offiziere bekamen sogar zwei oder drei Mädchen als Geschenk. Zur Liebe und zwecks Schwängerung. Vor allem, weil der Häuptling von hellhäutigen Untertanen träumte, möglichst so blond wie seine Gäste. Übrigens: Auch der König von Tonga wollte ja mal das Mischverhältnis des Inselblutes zugunsten einer helleren Tönung ändern. Ein Itzehoer blonder Seemann, einst achteraus gesegelt auf Tonga und dann bei Hofe als willkommener Vererber angeheuert, fasste es so zusammen: ›The brighter the righter.‹«

Apropos Aufzucht: Die »Bounty« sollte ja eigentlich damals, nach ihrem halben Jahr Liegezeit, also 1789, die tropischen Affenbrotbäume mit ihren nahrhaften Früchten zur botanischen Zucht von Tahiti in die Karibik bringen, weil dort jährlich Zehntausende aus Afrika zwangsimportierter Arbeitssklaven elend verhungerten. Die englische Krone wollte auf Jamaika beweisen, dass sich durch diesen genialen Einfall das Heer der Sklaven arbeitsfähig erhalten und gut ernähren lasse.

Allerdings, die Sache mit den Affenbrotbäumen ging schief, wie man ja weiß. Aber auch der königliche Vermehrungsplan auf Tahiti. Zwar wurden die jungen Inselschönen erfolgreich geschwängert, aber sie gebaren woanders. Denn als nach neun Monaten der ersehnte blondige Nachwuchs kam, kreißten die jungen Damen aus der Südsee tausend Meilen weiter westlich auf einer anderen Felseninsel namens Pitcairn. Das kam so:

Schon bald nach dem von Captain Bligh erzwungenen Auslaufen der »Bounty« meuterte sein Erster Offizier Fletcher mit rund dreißig Matrosen gegen seinen rüden Vorgesetzten. Am 28. April 1789 setzten sie Captain Bligh mit 18 seiner Getreuen auf hoher See aus, in einem kleinen Boot mit nur wenig Proviant, und gingen davon aus, dass ihr verhasster Master kein rettendes Ufer würde erreichen können. Aber Bligh und seine Männer überlebten dank einer legendären nautischen Meisterleistung, sie erreichten nach Wochen Timor und von dort aus später London, an Bord einer Kriegskorvette Ihrer Majestät.

Währenddessen waren Fletcher und seine Meuterer mit der »Bounty« zurück nach Tahiti gesegelt, um ihre zurückgelassenen Freundinnen zu holen. Dabei gab es dann allerdings einen Riesenkrach mit der inzwischen aufgebrachten tahitianischen Männerwelt. Wen wundert's. So mancher von großer Reise heimgekehrte polynesische Odysseus hatte inzwischen die missbräuchliche Benutzung seiner jungfräulichen Töchter feststellen müssen. Oder gar die der eigenen Frau.

So murksten sie erst mal ihren ungetreuen Häuptling ab und machten dann gewaltig Rabatz gegen die Eindringlinge mit ihrem verhassten Segelschiff. Historisches Ende einer schönen Freundschaft! Und die Engländer? Diese forschen Vorderlader hatten sehr rasch leere Hinterlader, hatten ihr karges Pulver schnell verschossen, schnappten sich noch schnell 23 ihrer geschwängerten Mädchen und flüchteten mit ihnen auf ihrer »Bounty« Richtung Westen. Ein paar aufgespießte Briten blieben rücklings am Ufer liegen, den Speer senkrecht in der Brust wie eine verfrühte DBTV-Antenne, und verdrehten die Augen zu einem Südseehimmel, der es nun gar nicht mehr nett mit ihnen meinte.

Erst nach vielen Wochen entdeckten Fletchers Leute dann die Insel Pitcairn, aber das alles ist eine andere, eine lange Geschichte, die ich Ihnen bei anderer Gelegenheit erzählen könnte, wenn Sie wollen. Denn auf einer anderen Pazifikreise haben wir wegen hoher Dünung vor Pitcairn zwar nicht ausbooten können wie eigentlich geplant, aber der Urenkel Fletchers kam mit seinem Boot von der Insel zu uns herüber auf Reede, und wir haben ihm für sein hölzernes Inselrathaus das nur leicht beschädigte Sofa aus der Mannschaftsmesse unseres Vier-Sterne-plus-Kreuzfahrtschiffes hinübergehievt.

Die Nachkommen Fletchers hatten ja kürzlich Stress mit der australischen Obrigkeit, weil sie auf ihrer so weit abgelegenen Insel eine ganze Reihe minderjähriger Mädchen vorzeitig in Betrieb genommen haben sollen, ohne die zu fragen. Der Vorwurf der Vergewaltigung wurde zwar fallengelassen, aber wegen Missbrauchs von Minderjährigen wurden die Insulaner belangt. Dies war übrigens der weiteste Einsatz von polizeilichen Ermittlern in der internationalen Kriminalgeschichte.

Die Nachkommen der Bounty-Meuterer leben jetzt dort auf Pitcairn von Fischfang und karger Landwirtschaft, von den seltenen Besuchen fremder Kreuzfahrtschiffe, an deren Passagiere sie selbstgedruckte Briefmarken und angebliche Überbleibsel der »Bounty« verkaufen. Allerdings kann so viel von dem einst so stolzen Schiff nicht übrig geblieben sein, denn als die britische Marine nach den Meuterern fahndete und diese mit ihrer Entdeckung und der Todesstrafe rechnen mussten, da verbrannten sie die »Bounty« in einer Bucht der Insel und beseitigten so die schwimmende Zeugin ihrer Meuterei.

Übrigens, der Chef der Wasserschutzpolizei in Kiel mit dem schönen Namen Pistol hat sich dieser abenteuerlichen Geschichte verschrieben, er erforscht und recherchiert die berühmteste Meuterei der Seegeschichte. Ein wunderbarer Bounty-Beamter. Seine Leidenschaft hat auch er mir mal an der Reling gestanden. Aber das war auf einem blauen Polizeiboot auf der Förde. Ostsee, Nordsee, Südsee – warum gibt es eigentlich keine Westsee??

Nach 50 Hieben
war die Frau katholisch

Kommen wir zurück nach Polynesien und zur Schmach der Briten vor über 200 Jahren. Sie rächten sich an den Südseevölkern durch christliche Mission. Als anglikanische Gotteskrieger kehrten sie zurück und schlugen die Haken der christlichen Verheißung so entschlossen in die Südsee-Atolle wie einst Reinhold Messner seine Haken in den Nanga Parbat. Das Paradies wurde niedergebetet, der tahitianische Inselkönig Pomaré zwangsgetauft, mit Peitschen und Patronen zogen die Missionare über die Inseln, den britischen folgten die noch blutrünstigeren katholischen Eiferer aus Frankreich. Heute wären sie gewiss Pius-Brüder.

Es müssen schlimme Monate gewesen sein, an die man erinnert wird, wenn man jetzt da sitzt im Schatten der kleinen Kirche von Pao-Pao auf der Trauminsel Moorea, am Ende der Bucht, die den Namen ihres Entdeckers trägt und Cook's Bay heißt. Und wenn man dort die Einheimischen singen hört, laut und leidenschaftlich auf Patois, ihrem eigenen Inselfranzösisch, dann klingt das ganz anders als in unseren Domen, wo man geduckt und leise singt und betet, als hätte man ein latent schlechtes Gewissen gegenüber seinem Herrn. Die Frauen in Pao-Pao tragen große weiße Hüte, bunte Kleider und Pareos, die Männer ähneln mit ihren Strohhüten verirrten Cowboys, nur sehen sie viel intelligenter aus. Und sind es sicher auch.

Maua, 22, Perlentaucherin, Studentin, die sich als attraktive Guidesse und als Model für digitale Touristenfotos ein paar Münzen hinzuverdiente, zeigte uns anhand alter Bücher, Skulpturen, Skizzen und steinerner Marae-Tempelreste, wie unglaublich die Herren Glaubensritter damals gewütet haben müssen. Renitente Männer wurden niedergemetzelt oder an Palmen aufgehängt, ungläubige Frauen entweder gepfählt oder so lange ausgepeitscht, bis sie endlich Halleluja riefen.

Maua machte eine alte Zeichnung lebendig, indem sie sich rücklings auf einen steinernen Marae-Opfertisch legte, ihre Beine zurückbog bis über den Kopf, eine Haltung wie auf dieser Zeichnung, und uns so demonstrierte, wie und wohin die frommen Peitschenpriester zielten, um christliche Konfessionsbereitschaft zu erzwingen. »Nach 50 Hieben war die Frau katholisch«, sagte Maua, und drinnen in der kleinen Kirche von Pao-Pao sangen sie hingebungsvoll: »Mon Dieu, je confesse et je t'adore.«

Nastja fand das alles spannend, und sie bedauerte auf ihrem Zettel, dass ihre beiden Freundinnen von Bord nicht in unserer kleinen Runde seien. Helmuth verstand sie, er rumpelte uns mit seinem Jeep zur Gangway, und wir holten Svetja und Masha ab. Sie freuten sich sehr, denn sie hatten schon vergeblich Ausschau nach uns gehalten. Als wir dann so dastanden, direkt an der Bucht, und von drüben auf der anderen Seite die Kirche von Pao-Pao herüberbimmelte, da malte mir Nastja Schwimmbewegungen in die Luft, was hieß: Wollen wir da nicht mal hinüberschwimmen? »Na, Kleines, ist das nicht ein bisschen weit? Quer durch die Cook's Bay? Schafft ihr das denn?«

Aber bevor ich den Bedenkenträger spielen konnte, hüpften drei nackte Russinnen ins Wasser, und ich fragte Monsieur Hörmann: »Und du?« Der hatte zwar die halbe Welt umsegelt, konnte aber nur mühsam schwimmen, gestand er mir augenzwinkernd an der grünen Reling seines offenen Jeeps. Außerdem müsse er diesen Jeep ja nun um die Bucht lenken, um uns drüben an der Kirche abzuholen. Ich kraulte den drei Nixen hinterher, und wir brauchten fast eine ganze Stunde bis hinüber, weil die Cook's Bay voller Strömung ist.

Helmuth wartete drüben mit den Klamotten, und gemeinsam fuhren wir hinauf zum höchsten Aussichtspunkt von Moorea, zum Roto Nui. Von dort oben genießt man einen fantastischen Blick über die Insel, die beiden Buchten Opunohu und Baie de Cook, bis hinaus zum Riff mit seiner schäumenden Kante. Das ist eine unglaubliche Sinfonie der Farben, und meine Fotos bekamen eine weibliche Staffage, wie sie attraktiver und reizvoller kaum hätte sein können. Schade, dass ich Ihnen diese Bilder nicht zeigen kann.

Nastja hatte die Szene mit Maua auf dem Opfertisch sehr beeindruckt, und sie wollte nun wissen, auf Zetteln und mit Gesten, an wen die Menschen hier denn glaubten, bevor man sie so gewaltsam zum Christentum bekehrte. Maua führte uns zu einer Tempelstätte mit dem Namen »ahu o mahine«. Diese alten polynesischen Tempel nennen sich »Marae«, es sind runde, steinerne und offene Versammlungsorte, wo die Menschen der Sonne, dem Mond und vor allem ihren Tikis huldigten.

Auf den Inseln gibt es nämlich nicht den einen großen Gott, sondern lauter kleine Privatgötter namens Tiki. Das sind kunstvoll aus dem harten Holz des Samanea-Baums geschnitzte und polierte menschliche Figuren, gesichtslos und geschlechtslos, liebenswerte Gestalten, mal braun, mal schwarz, mal größer, mal kleiner, und jeder Tiki ist ganz individuell gemasert. Diese Tikis bringen der Familie Glück. Oder auch dem Einzelnen, der ihn besitzt und ihn bewahrt.

Man stellt sie auf in der Hütte, am Arbeitsplatz, neben dem Nachtlager, am Kindbett, in der Küche, eben immer dort, wo man sich Glück erhofft. »Ein Tiki ist nicht austauschbar«, erklärte uns Maua, »wer einen hat, behält ihn bis zum Lebensende. Und wenn man stirbt, dann geht der Tiki mit ins Grab.« Ich fragte mich, was an solchem Brauch wohl schlechter sei als an Messwein, Rosenkranz und Kruzifix. Ich habe übrigens seit vielen Jahren meinen Tiki, seit meinem zweiten Besuch auf Moorea, und jetzt gerade schaut er mir hier beim Schreiben zu.

Wir fuhren über die Insel und fühlten eine merkwürdige Seligkeit. Es waren andere Gespräche als sonst, Maua hatte uns in einen unerklärlichen Bann gezogen. Helmuth, der Segler mit dem Lieblingsfach Botanik, erklärte uns ein ums andere Mal die Pflanzenwelt, die Vanille, den Pfeffer, den Kaffee, aber auch den Flamboyant, diesen von oben bis unten rot leuchtenden Flammenherd aus tausend Blüten. Und den Campanulata, den Tulpenbaum, den ich so noch nie zuvor gesehen hatte.

Maua hatte das stimmliche Handicap von Nastja sehr wohl, aber ohne Nachfrage bemerkt. Sie kümmerte sich liebevoll und unaufdringlich, sie streichelte sie manchmal wie zufällig, ganz scheu und zärtlich, es war eine Zuneigung wie der Hauch des Windes, wie der Strahl der Sonne, zarte Sympathie, die nicht Belohnung will.

Bei einer blauen offenen Werkstatthütte sagte Maua: »Stopp«, und redete mit dem Schnitzer. Sie kam zurück mit einem Tiki, dunkelbraun schimmernd, gerade so groß wie ein Zwergkaninchen, und sie legte Nastja den Tiki in den Schoß. Das war eine so innige, so liebevolle Geste, dass wir alle schwiegen. Nastja strich Maua ihr zartes stummes Danke übers Haar, drückte dann ihre Stirn so gegen meine Brust, dass wir ihr Gesicht nicht sehen konnten. Auf dem ganzen Weg zum Schiff sagte niemand mehr ein Wort, nur mein dünnes Hemd durchnässte, bis wir zurück an die Gangway kamen, uns auf den Abend vorzubereiten.

Kon Tiki auf der Cook's Bay

Maua und ihre Leute hatten uns zum Mondfest und zum Geburtstag eingeladen, auf ihr Floß »Kon Tiki« auf der Baie de Cook. Das Floß war eine große Bretterfläche, aufmontiert auf leere Ölfässer, ein paar Bänke, ein kleiner Außenborder, viele Paddel, handgebrannte, köstlich aromatisierte Hochprozenter in kleinen Krügen, unerschöpfliche Musik, selbstgemacht aus hundert Saiten, Trommeln, Flöten, Kehlen. Ja, singen und spielen und tanzen können sie da alle, die Menschen auf den Südseeinseln. Wir erlebten Träume aus Tamouré und Tiaré, aus Fackeln, Lampions und rohem Fisch.

Maua wurde 23, genau am Vollmondfest, und feierte mit allen Mädchen von der ganzen Insel, sie kamen auf Rollern und Fahrrädern, auf Pick-ups und mit Booten, das ganze Dorf feierte mit, am Strand und auf dem Wasser, sie feierten nicht nur Maua, sondern auch den Vollmond über dieser einmaligen Kulisse, wie sie es einmal im Monat tun. Die Mädchen trugen kurze Baströcke oder Pareos, auch die Männer bunte Tücher um die Hüften, lava-lava genannt, und Maua riet mir auf Englisch, ein lava-lava sei »very useful even for guys«, also auch für Männer ratsam. Warum, das lernte ich später.

Und mein lieber Hörmann erklärte mir den Ausdruck »lava-lava«. Das hänge mit den früheren englischen Inselbesatzern zusammen und heiße »Lover! Lover!« Mir kam gleich der Songtext in den Sinn: »Lover, lover, lover – come back to me.« Und ich verstand, welch anatomische Belästigung enge Jeans auf diesem Floß gewesen wären, in dieser Atmosphäre des lässigsten Laisser-faire der Welt. Nastja bekam einen himmelblauen Pareo, ich einen cremefarbenen lava-lava, und als das Floß ablegte, sangen sie alle. Nur Nastja nicht. Sie konnte nicht singen, aber sie umfasste meine Hände, als wolle sie mich halten, ihren Tiki hatte sie drüben an Bord in ihre Koje gelegt und zugedeckt, als könne er frieren, und fasziniert sahen wir gemeinsam in das ferne Relief eines unwirklich großen aufgehenden orangefarbenen Mondes.

Als ich da lag auf diesem Floß in dieser Nacht, angelehnt an einen dicken Kokosfender, da fragte ich mich, wie viele Reisen und Eindrücke mich eigentlich immunisiert haben müssten gegen Kitsch? Du fühlst dich doch gefeit gegen Kuckucksuhren, Dürer-Hasen, Gartenzwerge, sagte ich mir. Und immun gegen Postkartensonnenuntergänge, Prozessionen und Lametta. Gegen falsche Rolex, Fernsehsoaps und Musikantenstadl. Das Leben hat dich doch gegen Kitsch geimpft.

Und jetzt? Hier unter diesem Vollmond? Mit diesen fremden und so nahen Menschen? Mit ihrem Tamouré und ihren Liedern? Mit deinen Füßen im Takt? Mit ihrem Vanilleduft in der Nase? Ihren Gitarren und ihrem Gesang in den Ohren? Mit diesen Vahinés, die so singen, wie du leben möchtest, die so duften, wie es deine Fantasien träumen, die tanzen wie getanzte Zärtlichkeit? Was nun? Bleibst du immun, wenn das Mädchen, das du gerade sehr ins Herz geschlossen hast, weint vor Glück in deinem Schoß? Wenn ein kurzes Baströckchen dir das süß gefüllte Glas herüberreicht und sagt: »Salut, mon ami!« Was machst du dann mit deiner antrainierten Cool- und Cleverness? Legt sich da irgendwo ein Hebel um?

Da lag ich nun, und sie nützte mir so wenig, meine innere Schutzimpfung gegen Schmalz und Kitsch, gegen irrationale Übermaße der Gefühle. Und meine Skepsis und Erfahrung, auch die brachten mir hier nichts. Mir schmolz mein Realitätsgehabe wie Bitterschokolade in der warmen Tropennacht. Die schönste Stumme dieser Welt lag in meinem Schoß, und ich fühlte ihre Haare, ihre Haut und ihren Mund. Und sah ihr leicht erstauntes Lächeln, als wir im Vollmondlicht erkannten, wie sich die Vahinés mit aufgeritzten Vanilleschoten lachend Schoß und

Schenkel einrieben, um zu duften, zu duften nach dem Duft der Liebe.

Und zärtlich massierten sie ihr l'arome d'amour auch Nastja und Svetja in die weiche Haut. Diese Lockstoffe aus Betörung und Verführung, Aromen aus Natur, Natürlichkeit und femininer Freiheit, aus liberté und libertinage – die liebste Liebe für den liebsten Lieben oder für die liebste Liebe. Ma plus chère, Berührung der Haut und Berührung der Seele. Wie praktisch lava-lavas sind. Wie schnell man das lernt auf solcher Arche ohne Noah, ohne Boa und ohne jede falsche Schlange.

Keine Seele blieb unberührt und ungerührt in dieser Nacht. Und, wie man so sagt, auch kein Auge trocken. Wir haben Tränen gewacht. Mauas Kuss da drüben, mit ihrem Monsieur Bonbon, der hat eine Stunde gedauert, ohne Luft zu holen. Perlentaucherinnen können das. Wir haben getanzt, Tamouré, und jeder mit jeder, und alle mit allen, und keine Wolke mehr am Himmel … »Mais vous pleurez, monsieur?« »Oui, pardon, mais un petit petit peu seulement«, und gleich hat mir Nastja das Salz von der Wange geküsst. Und Helmuth hat gesagt, wir müssten unbedingt wiederkommen, wir könnten wohnen bei ihm, wann immer wir wollten, und er hatte Masha im Arm und sagte, was sind denn das für drei Zaubermäuse, lieber Freund? Fahrt morgen bloß nicht wieder weg, und Masha sagte, niemals, nie würde sie hier wieder abhauen, und wusste, dass sie es schon in zwölf Stunden tun würde, aber jetzt blieb sie gerade für immer hier, und Nastja umklammerte mich wie einen Baum, den sie vor einer imaginären Säge bewahren müsste, und schrieb zum erstenmal nicht »t. y.« für »thank you« auf den Zettel, sondern »merci«, und Svetja hatte einen anderen Monsieur Bonbon, einen ganz lieben, der ihr im Mondlicht die Gräten aus dem rohen Schwertfisch zupfte, und dann tranken wir wieder, und ein paar sprangen übermütig in die Bucht, nackt und lachend, der Mond wurde kleiner da oben, die Melodien sehnsüchtiger, der Bast der Röcke raschelte, auf Brettern, die jetzt ihre Welt bedeuteten, faisons l'amour, die Liebe wurde inniger, das Lachen leiser, die Leidenschaften atemloser, à bout de souffle, hors d'haleine, und Wehmut, weil bald der Mond schon untergehen würde, und – excusez moi, je veux ç'appelle mélancolie – es gibt Stunden, bei denen es das Beste ist, dass sie solche Stunden bleiben. Jeder Mensch muss Stunden haben, die er nicht vergisst. Jamais.

»Time to say goodbye«, sangen Sarah Brightman und Andrea Boccelli aus dem Bordlautsprecher, als wir am nächsten Mittag ausliefen und oben an der Reling standen, diesmal achtern, um noch lange die Insel und die Menschen zu sehen, die Mouaroa-Berge, den Tohivea und den Mouaputa, unsere Bay und unsere Freunde, da war auch mir der Hals so zugeschnürt und stumm wie der von Nastja.

Wir standen da und starrten, und auf der Uferstraße links folgte Maua auf ihrem Motorroller noch lange dem auslaufenden Schiff und blinkte und hupte und winkte, mein Hörmann versuchte, mit seiner Segelyacht dem dicken Pott zu folgen, das ging höchstens zehn Minuten, dann drehte er bei und schwenkte sein rotes Handtuch über dem Kopf, und wir hatten ihm versprochen wiederzukommen, aber man weiß ja, wie das Leben mit solchen Versprechungen umgeht, dieses war mein elftes Mal, und ob es je ein zwölftes geben wird, das weiß ich nicht. Moorea verschwand da hinten, blendete sich aus wie ein Dia, dem langsam der Strom ausgeht, und als ob der Wettergott ein Tiki wär', schickte er vor lauter Groll dunkle Gewitterwolken von Tahiti her, Nastja schluckte und ging in ihre Kabine, und ich hätte vor lauter Traurigkeit um ein Haar über die Reling gekotzt.

Im Himmel über Bora Bora

Die Lady war so um die Sechzig und begann mit: »Na?« Das hörte sich an wie ein Klingelton im Handy und sollte heißen: Hier an der Reling wartet eine Mitteilung auf Sie. Ich überhörte die Mitteilung zunächst und wartete auf den nächsten Klingelton. Der kam dann auch und hieß wieder »Na?« Sollte ich den Speicher öffnen? Aber der öffnete sich schon von selbst. Und zwar mit der Anfrage: »Na? Sie hier?« Mein eigener Klingelton war auf leise eingestellt und antwortete nur »Mmm«. »Auch unterwegs nach Bora Bora?« Gerade wollte ich antworten: »Nein, nach Berlin-Charlottenburg!«, da meinte die Dame mit deutlich berlinerischem Akzent, sie komme aus Berlin-Charlottenburg.

Etwas Ähnliches war mir schon früher mal passiert, und ich überlegte deshalb, ob es so etwas wie eine verbale Vorahnung gibt? Wenn es eine Vorsehung gibt, muss es ja auch eine Vorhörung geben? Dass man nämlich die Antwort eines Gegenübers schon zu hören glaubt, bevor der oder die überhaupt etwas gesagt hat. Ohne hinzuschauen ahnte ich, dass diese Dame sportlich aussah, gefönte graue Haare hatte und Männershorts trug. Dann hob ich meinen Blick ein bisschen widerwillig aus dem Meer da unten hinauf an die Reling und erkannte: Sie sah tatsächlich sportlich aus, hatte gefönte graue Haare und trug Männershorts. Allerdings nicht marineblaue, wie ich mir vorgestellt hatte, sondern senfgelbe.

»Det is jut«, versuchte ich mich ihrer Redeweise anzupassen. »Wat is jut?« »Na, det Se aus Balin stammen und nu nach Bora Bora wollen.« Sie schien erleichtert, dass ich mit meinem verbalen Daumen den Deckel ihrer geistigen Kaffeekanne aufgeklappt hatte. Nun konnte er mit einem Schwall in den Becher meiner Aufmerksamkeit fließen, all der frisch gebrühte geistige Kaffee aus ihrem lange nicht abgefragten Gedankenspeicher.

»Vielleicht«, meinte sie, »vielleicht is dies meene letzte Kreuz-fahrt.« »Wieso, sind Se krank?« »Nee. Aba da muss ick ma uff Holz klopp'n. Is jakeen Holz da. Muss ick mir an de Birne klopp'n.«

»Wieso, de Reling is Mahagoni, da könn Se jerne druffklopp'n. Und wenn Se jesund sind, wieso dann die letzte Kreuzfahrt?« »Weil se nich mehr so jut jehn, die Jeschäfte. Wissen Se, ick hab'n Pelz-jeschäft am Ku'damm. Un Ku'damm jeht nich mehr so jut. Fried-richstraße jeht jetzt bessa. Un Pelze sind sowieso schlecht, weil de Jrünen immer druff rumhacken, auf uns Pelzhändler.« »Nich nur die Jrünen!«, sagte ich.

»Na, ham Se Recht, sojar de CDU will Füchse und Seehunde verbieten. Dabei sind die doch längst tot, bevor se zu mir kommen. Ob ick nu det Fell vakofe oder nich. Ick persönlich hau' die Viecher ja nich tot. Und übrijens hat der Mensch schon vor tausend Jah-ren Pelzmützen und Fellmäntel jetragen, und det hat de Popula-tion von disse Tiere übahaup nich jeschadet.«

»Früher«, sagte ich und ertappte mich bei einer unangenehm besserwisserischen politpädagogischen Stimmlage, wie sie der dicke Gabriel und der dünne Trittin so von sich geben, wenn sie ihre Umweltmaske tragen, »früher waren die Menschen auf Felle und Pelze angewiesen, heute haben wir genügend andere Mög-lichkeiten.« »Und det Pelz scheen macht und der weiblichen Visa-ge schmeichelt, de janze Optik, det hat für Sie nix zu bedeuten?« »Doch, doch, aber Textilien schaffen das doch auch!« »Textilien? Soll det heißen, Sie verjleichen ein edles Polarfuchs-Cape aus meem Kürschner-Atelier mit irjendwelchen P&C-, H&M- oder C&A-Klamotten? Wat sin'n Sie für eener?«

»Ich finde dieses Abschlachten der Seehundbabys in Kanada echt widerlich!« »Icke ooch«, gab sie überraschend preis. »Aber der Fuchs oder det Kaninchen, die fallen ja nich von alleene um.« »Aber«, protestierte ich, »das Tragen von Leoparden- oder Tiger-fellen finde ich pervers!« »Icke ooch«, sagte sie wieder. »Bei mir fin-den Se keen Seal, keen Bärenfell un keene Raubkatzen.«

»Aber Nerz!«, mahnte ich meinen Standpunkt an. – »Nerze sind wie jezüchtete Ratten«, antwortete die Frau für alle Felle. »Det jibt Leute, so welche wie Sie«, ereiferte sie sich, »die rejen sich uff über Nerze im Käfig, und jleichzeitig fressen se de Eier von einjepferchte Käfighühner, kauen an de Schenkel von ermordete Hähnchen und lejen sich Putenwurst uff de Biostulle. Ham Se mal jesehen, wie in eener Putenfarm oder in eener Hähnchenschlachterei de Tiere jetötet wer'n? Koppüber, bis de Säje kommt. Und die säächt dann oft vorbei. Dajejen is de sekundenschnelle elektrische Hinrichtung von Nerzen ne humane Anjelejenheit. Un ham Se ma jesehen, wie so'n Dackel kiekt, bevor er in China in'n Kochtopp kommt? Und wenn Heringe schreien könnten, würden Sie, junger Mann, keen eenzijen Rollmops mehr essen. Im Übrijen heeß ick Jisela, mit einem i!« Ich horchte auf, denn das war genau die Gisela, der ich neulich schon mal da oben auf der Galerie des Theatersaals begegnet war, als ich zum ersten Mal die drei Engel auf der Bühne tanzen sah.

Dann nahm das Gespräch eine polynesische Wendung, ich war ganz froh darüber, denn ich konnte mit meiner tierfreundlichen Meinung sowieso keinem Stubenküken und keinem Salzwiesenlamm das Leben retten, keinem Alpaka, keinem Angorakaninchen und keiner fettleberkranken Gans. Keinem Frosch, keinem Dorsch, keiner Auster, keinem kaviargefüllten Stör und keinem noch so süßen Kälbchen. Dass wir bei Tieren mit verschiedenen Maßen messen, das konzedierte ich der resoluten Gisela. Und machte mir Gedanken über unseren menschlichen Hochmut zu entscheiden, wer geschlachtet werden darf und wer nicht. Wer abgeschossen wird und wer am Leben bleibt. Der Rehbock wird erschossen, der Kampfhund wird gefüttert. Der Schmetterling darf fliegen, die Spinne wird erschlagen. Auch bei Pflanzen entscheiden wir, wer zu schützen sei und wer als Unkraut ausgerissen wird. Löwenmaul darf leben, Löwenzahn wird abgestochen. Wir pflegen einen zoologischen und botanischen Rassismus aus humaner Überheblichkeit.

Als ich meine Erkenntnis zornig der Frau an meiner Seite, ich meine an meiner rechten Relingsseite, darzulegen suchte, wurde diese auf einmal ganz nachdenklich. Ganz weich. Ganz anders. Fast anhänglich. »Ick hab mir darüber noch jar keene richtjen Jedanken jemacht, Sie stoßen mir ja richtig an«, meinte sie, und dann redeten wir über die Südsee und Bora Bora und die Schönheit in diesem Teil der Welt. Auf dem Globus direkt gegenüber von Berlin-Charlottenburg.

Ihr Mann habe nicht mitkommen können auf diese Kreuzfahrt, leider, denn sein Herz, das schlage trotz Schrittmachers nicht mehr regelmäßig. Er müsse auch den Laden führen, er sei ein feiner Charakter, er habe ihr angeraten loszufahren, das Leben zu genießen und die Welt kennenzulernen. Jahrelang hätten sie keinen Urlaub machen können, und jetzt? Jetzt sei seine Pumpe im Eimer, wie Gisela formulierte. »So isset«, sagte sie melancholisch, »man schiebtet immer allet so lange uff, bis man mi'm Arsch nich mehr vonne Brille kommt!«

Und dann kam es, ihr Geständnis an der Reling. Ihr lieber Mann habe ihr dieses Ausflugticket für Bora Bora geschenkt. Sie kramte ein Billett aus der Tasche. Ey, dachte ich, der teuerste Ausflug der ganzen Reise. Einen Helikopterflug über Bora Bora. Ein 400-Euro-Ticket. Für ein Erlebnis der besonderen Art. »Mit dem Hubschrauber über diese Trauminsel! Toll!« beneidete ich Gisela. »Das muss der Wahnsinn sein. Da wünsche ich Ihnen aber sehr viel Spaß!« »Kannst ruhig du zu mir sagen. Sag' einfach Jisela!«, meinte Gisela mit einem i. »Un weeste wat, ick traue mir nich. Ick habe doch so'ne jroße Angst vorn Fliejen. Schon im Jet muss ick mir immer anklammern. In so'n Helikopter traue ick mir übahaup nich rein. Wat soll ick'n machen?«

Ich bemühte mich, nicht gierig zu wirken, war es aber schon. Für diesen schlechten Charakterzug möchte ich mich hiermit ausdrücklich entschuldigen. Ich schäme mich ja auch. »Kannst det Ticket ja an mir vakofen«, biederte ich mich an. – »Aba dann wird er janz traurig sein, wenn ick sein jutjemeintes Jeschenk einfach so vakofe?« »Brauchstet ihm ja nich zu sagen.« »Na, soll ick mein' Justav belüjen?« »Nee, pass uff, ick habet«, sagte ich und verfiel wegen der Seriosität meiner Ausführungen ins Hochdeutsche zurück: »Du veräußerst mir dein Flugticket für den Hubschrauber. Ich fotografiere für dich, erzähle dir haargenau alle meine Eindrücke, und du kannst dich dann so fühlen und so berichten, als seiest du dabei gewesen.«

Gisela mit einem i überlegte intensiv. »Vielleicht ne jute Idee«, meinte sie schließlich. »Du machst mir die Fotos, druckst se mir auch aus, allet jratis für mir, und icke jebe dir dafür det Ticket«. »Jratis? Du jibset mir jratis?« wiederholte ich erstaunt. »Ja, aber du musst meine Kamera mitnehm' un druffdrücken, so oftet jeht! Ick hab' da so'ne dijitale Kamera mit Sjupersuhm un janz ville Pixels, vaschtehste?«

Morgen früh sollten wir also vor Bora Bora sein. Gisela übergab mir ihre Kamera. Geladen und schussbereit. Und das Ticket! Und meinte: »Aba wenn de nu abnippelst von da oben? Wenn dat Ding runtafällt mit dir und de Kamera?« »Denn sagst du deinem Justav, dass du überlebt hast, aber leider nicht die Kamera, und sagst ihm dankeschön noch mal für den jeschenkten Flug!«

Als ich am Nachmittag unter die Schwarze Dame auf dem Freiluftschachbrett schaute, war da ein kleiner Zettel mit einem Fragezeichen angeklebt, der süßen Frage nach unserem Treff auf Bora Bora. Diese feminile Frage, die mich ganz nastiös machte – ganz nervös nach Nastja –, brachte mich dennoch in einen Interessenkonflikt. Fliegen oder vögeln? Entschuldigen Sie die Ausdrucksweise, aber wenn man mit sich selber redet, macht man es kurz und direkt.

Ich schrieb auf den Zettel: »200 m rechts vom Steg, 3. Tenderboat.« Vor Bora Bora liegt man nämlich innerhalb des Riffs in der Lagune auf Reede, das wusste ich, und wird mit schiffseigenen Booten hinüber zum hölzernen Anlegesteg der Insel getendert.

Wie das mit dem Fliegen und den Mädchen und überhaupt alles zu machen sei, das wusste ich noch nicht, ich sah eine Kollision zwischen Lust und Fluglust voraus und wusste nicht, wie diese heikle Komplikation wohl am besten zu managen sei.

Tatsächlich standen Nastja und Svetja am nächsten Morgen an der angegebenen Stelle, ein bisschen abseits vom Ankunftstrubel unseres »grand bateau«. Masha und die beiden Tänzer der Gruppe waren schon los zum nächsten Strand. Als ich den beiden Mädchen mein Ticket für den Helikopter zeigte, waren sie ganz aufgeregt. »Only one?«, schrieb Nastja eilig auf den Zettel, »yes, only one!«, bedauerte ich. Sie klopften mir auf die Schulter, ich erzählte ihnen kurz die Story, wie ich an die Karte gekommen war, sie sagten nicht: »Bye, have a nice time«, sondern: »Wir kommen mit zum Start und warten unten auf dich.«

Ein weißer VW-Kombi mit der Aufschrift »Helicopter Service« rollte heran. Es stellte sich heraus, dass zwei weitere Paare den Rundflug gebucht hatten, alle sieben stiegen wir in den kleinen Bus und holperten zum Hangar. Unterwegs gab ich Nastja das Ticket, *sie* solle fliegen, ich gönnte dieses Erlebnis nur ihr noch mehr als mir selber. Sie schaute mich mit aufgeblendeten Scheinwerferaugen an, wollte das Ticket nicht annehmen, ich bestand darauf und fragte sie, ob sie mit dieser kleinen Digitalkamera hier umgehen könne? Sie nickte und zuckte gleichzeitig die Schultern, war total aufgeregt und forderte mich mit Gesten auf, ihr den Umgang mit dem Ding zu zeigen.

Dann Ankunft am kleinen Start- und Landeplatz. Wir waren verblüfft: Unser Fahrer war gleichzeitig der Pilot. Er stieg in den weißen Hubschrauber. Die beiden Paare wollten – was für ein Glück – unbedingt zusammen fliegen. Die Maschine hatte hinten drei und links neben dem Pilot noch einen Sitz, das passte. Nastja, sein nächster Fluggast, solle bitte eine halbe Stunde warten, sagte der Pilot, zog seinen Helm auf, die Rotorblätter begannen zu kreisen, der Motor knatterte helikoptertypisch los, und sie hoben ab.

Nach einer halben Stunde kamen vier überwältigte Passagiere zurück. Sie stiegen aus und rannten im Wind und im Lärm der rotierenden Blätter zu uns herüber, Nastja lief mit der Kamera und dem Ticket hinüber zur Maschine, stieg nach hinten auf den linken Sitz, wir winkten ihr nach, wollten warten und zeigten mit den Daumen nach oben: Guten Flug! Da machte mir der Pilot aus seinem aufgeklappten Fenster mit seinem behelmten Kopf ein Zeichen, heranzukommen, schrie in meinen fragenden Blick: »Viens!« Und ich kapierte. Der Mann zeigte auf die noch offene rechte Tür, wir rannten hin, Svetja hinten rein in die Maschine, ich setzte mich neben den Pilot, wir schnallten uns an, ich hängte mir beide Kameras, die von Nastja und die eigene, um den Hals, kein Wort war mehr zu verstehen, er nickte, sprach in das kleine Mikro vor seinem Mund und gab Gas.

Der Helikopter hatte einen gläsernen Boden, bot also absolut freie Sicht nach allen Seiten. Abenteuer für Schwindelfreie! Es gibt im Leben ganz selten Eindrücke noch weit jenseits jeder Schwelgerei. Eindrücke, die sich herkömmlicher Beschreibung entziehen. Dies war der schönste Flug meines Lebens.

Jean-Pierre, wie er sich später vorstellte, flog hoch in die blaue Luft, knapp zwischen den beiden berühmten Bergkuppen des Vulkans Pahia hindurch, ging im Sinkflug bis fast auf Meereshöhe hinunter, zeigte uns die silbergrauen Haie am Riff – ich dachte, gleich klatscht er mit den Kufen in die Wellen –, er folgte dem Kreis des Atolls von Bora Bora, kurvte über die Motus und die runden Nachbarinseln, er schwebte über diese atemberaubende Symphonie der Formen und der Farben, donnerte über die edle Armada der Segelboote aus aller Welt, umkreiste unser Kreuzfahrtschiff, auf dem Crewmitglieder vom Panoramadeck nach oben winkten, er ging sogar auf meine Fotowünsche ein, als ich die Sonne im Rücken brauchte, um dieses tieftürkise Türkis noch türkiser zu machen, das glitzernde Silber noch silberner, er freute sich, dass wir uns so freuten, vollführte Manöver, die unsere halbe Stunde »wie im Fluge« verdoppelten, und machte uns drei überglücklich.

So glücklich, dass wir uns nach der Landung in die Arme fielen. Und dass ich einen wildfremden französischen Hubschrauberpilot auf die stoppelige Wange küsste. Die Mädchen küssten ihn auf seinen verdutzten Pilotenmund. Er freute sich mit uns, fragte nicht mehr nach irgendwelchen Formalitäten oder Tickets und brachte uns zurück zum Anleger. Aideu, merci, Jean-Pierre, vous étais très formidable!

Noch ganz aufgeregt tuckerten die fliegenden Ballerinen mit dem Tenderboot zurück an Bord. Selig, aufgedreht, aber gezwungenermaßen auch pflichtbewusst. Zwei Stunden Probe am Nachmittag waren angesetzt. Da kennen die Russen kein Pardon, da gibt es eher den bamboo als lässiges bambolea. Bora hin, Bora her, das Training für den Auftritt übermorgen war angesetzt. Schade, aber nix zu machen.

Ich nutzte die Zeit, mit meinem Freund Wolfgang, dem DJ aus dem Skyclub auf Deck 9, die Insel im offenen Jeep zu umrunden und zu erkunden. Es ist ja immer gut, jemanden zu kennen, der jemanden kennt, der jemanden kennt. Wolfgang Sauck kennt Gott und die Welt. So auch den damaligen Manager des weltberühmten Hotels Bora Bora. Weil unser Kapitän sein Fan und Skatfreund ist, war es Wolfgang im letzten Jahr gelungen, dem aus Hamburg stammenden Hotelmanager Zugang zu unserem Schiff zu verschaffen. Er durfte an Bord kommen, alles besichtigen und sogar Platz nehmen zum Dinner am Captain's Table.

Das war einer der selten gewordenen Bordbesuche. Er war nur mit besonderer Genehmigung des Kapitäns möglich. Ohne solch eine Sondererlaubnis ginge das nämlich gar nicht mehr, denn die neuen Sicherheitsvorschriften werden international sehr, sehr strikt gehandhabt. Das Betreten von Kreuzfahrtschiffen, auch von Frachtern, Tankern oder Containerschiffen, ist für Besucher oder Gäste nahezu unmöglich geworden. Einerseits sehr ärgerlich für

Verwandte und Freunde der Besatzung, andererseits verständlich angesichts terroristischer und anderer Bedrohungen. Dieses Privileg hat der boraboranische Manager unserem DJ Wolfgang nicht vergessen. Die Geschichte erzählte mir Wolfgang im offenen Jeep entgegen dem Uhrzeigersinn.

So fuhren wir nämlich jetzt um diese Insel, die zu den schönsten der Welt gehört. Wir stoppten hier und dort, um zu fotografieren und zu filmen, und als wir dann an der streng bewachten Einfahrt zum legendären Hotel Bora Bora vorbeikamen, sagte Wolfgang: »Fahr doch mal hier rein!« Der schwarze Schlagbaumwächter in weißer Uniform stoppte uns barsch, erkannte dann aber Wolfgang, den VIP und Bekannten seines Chefs, und öffnete die Schranke. »Donnerwetter«, sagte ich, »so prominent wie du möchte ich auch mal sein!«

Diese Hotelanlage unmittelbar am weißen Pulverstrand, direkt am glasklar-türkisen Südseewasser, ist schlicht ein Traum. Strohgedeckte Bungalows, manche auf Stelzen im Meer, wunderschöne Räume, eine lange Aussichtsbar unter freiem Himmel, Pavillons, die Schatten spenden, tiefe Ruhe, nur das Mahlen der Wellen und das Rauschen der Palmen, diskret aufmerksamer Service, Luxusliegen, Hängematten, absolute Sauberkeit. Mit einem Wort: angemessen für unsere Bedürfnisse.

Der Manager war leider grad auf Tour, gab aber telefonische Order an seine auffallend hübsche rechte Hand namens Monique, die uns vor der Rezeption begrüßte. Eine brathähnchenbraune trentière, also Dreißigerin, deren Aussehen auf den guten Geschmack ihres Chefs schließen ließ, schlank und groß und mit Kastanienhaaren, im Edelmini aus bordeauxroter Seide, mit ebenso bordeauxroten High Heels an makellos glatten Borabeinen. »Isch möschte Sie einladen zum Dinner, et si vous vouler, zur – wie sie dabei zwinkerte – zur nuit d'amour polynesie!« Sie sagte das so très charmant französisch-deutsch, dass wir zurücklächeln mussten, und fügte englisch hinzu: »Complimentary.« Wie schön!

Monique orderte drei Begrüßungscocktails, die sich »Flying Boracuda« nannten und gleich ganz schön mit flüssiger Musik geladen waren, zwei für uns, einen für sich, und dann, nach dem Austausch herzlicher Höflichkeiten, fragte sie verwundert nach unserer weiblichen Begleitung. Hielt sie uns für alleinreisende Entbehrer? »Avez vous besoin des demoiselles, messieurs? Für Massagen am Strand vielleischt?«

Wolfgang schaute mich an und schien mir für sieben Sekunden wankelmütig. Nur sieben Sekunden hatte das Abenteuer eine Chance in seinem Dithmarscher Hirn. Dann aber gewann seine schleswig-holsteinische Ackerschollenseele aus Hohenlokstedt im Kreis Steinburg schnell wieder die Oberhand, und er sagte, dem Endreihenhaus, dem heimischen Weißkohl und der Treue verpflichtet: »Merci beaucoup, madame, mais – heute ausnahmsweise nicht«, und fügte einen zwar aufrichtigen, aber unpassenden Stoßseufzer hinzu: »Leider. Très domage, madame.«

Denn Wolfgang entschied, sein Glück mit derjenigen zu teilen, die von der Reederei als »mitreisende Ehefrau« bezeichnet wird. Was mich aber nicht von dem Versuch abhalten konnte, meine Inselseligkeit mit meiner großen Liebe aus dem kleinen Helikopter von heut' morgen höhepunktuell zu krönen. Willkommenes Abseits von den berühmten »Tausend Augen« an Bord! Wir wollten uns hier also nicht first class und anonym eskortieren lassen, sondern eigene Glücksbringer mobilisieren. Und riefen deshalb an, über Handy auf dem Schiff: Renate möge rasch herkommen, und sie solle, möglichst diskret, Nastja mitbringen, hierher in unser unverhofftes Paradies.

Wir waren happy, dass das Schiff ausnahmsweise über Nacht auf Reede blieb. Aber – Glück und Tristesse liegen oft so nah beieinander. Zurück an Bord am nächsten Morgen brachte ich Gisela ihre tolle digitale Kamera in die Kabine. Sie saß stumm auf ihrer Kojenkante und empfing mich mit leeren großen Augen. Sie schaute die Fotos auf dem kleinen Display an und sagte ohne Emotion: »Die haste aba jut jeschossen!« »Wird dein Justav denken, die hast du jemacht, wird er sich freuen, wird dich vielleicht noch mehr lieben als vorher schon«, antwortete ich fröhlich. Aber dann sackten mir die Mundwinkel nach unten, denn ich sah ins graue Gesicht von Gisela. »Wat is'n, Mädel?«, fragte ich, »wat kiekste denn so komisch?« Sie weinte nicht. Sie lachte nicht. Sie sah nur mit leerem Blick zum offenen Bullauge. »Haste schöne Bilder jemacht«, sagte sie leise, »aber dem Justav brauche ich se nu nich mehr zu zeigen. Den interessieren keine Fotos mehr. Der is nämlich tot. Seit jestern. Hier – jrad vorhin hab' ick det Fax jekricht.« Ich nahm Gisela in den Arm. Sie hatte schon den Rückflug buchen lassen, und sie flüsterte: »Dabei waret doch jrade allet so schön ...«

Kissen zwischen – passt

Nachdem wir auf dem Achterdeck eine Partie Schach gespielt hatten – wobei ich Blödmann wieder mal verlor –, schlenderten der Doc und ich nach vorne, um mit dem Fernblick die Kimm entlangzuhangeln. Auf der Suche nach Entgegenkommen. Oder nach Mitläufern an Backbord oder Steuerbord. Wie Leute auf Ausguck es ja gerne tun. Die Augen leicht zusammengekniffen. Die Ellbogen auf der Reling. Immer denkbereit, manchmal gesprächsbereit, hin und wieder geständnisbereit. Gelegentlich ein paar Tümmler oder einen fliegenden Fisch verfolgend. Eine Möwe, einen Kormoran. Mit Glück auch mal die Atemfontänen von Walen. Und deren gewaltige Heckflossen. Die See lebt. Und die See zu beobachten kann faszinierend sein.

Manchmal steht man auch nur da, um im Fahrtwind einfach die Augen zuzumachen. Bilder zu verfolgen, die aus Erinnerung entstehen. Bilder aus Wunschvorstellung oder Fantasie. Vorn oben im Fahrtwind an der Reling, mit geschlossenen Augen, das ist eins der privatesten Gefühle. Das geht nur ganz allein oder mit einem gleichgesinnten Geist.

Unser Doc, unser Schiffsarzt, hatte zwar keine Sprechstunde mehr, wollte aber doch noch ein bisschen nachdenken. Und über sein Nachdenken reden. Nicht mit einem seiner Kunden, nicht über seine oder deren Leiden, sondern mit mir als seinem Nichtpatienten. Wir zwei allein da vorne an der Reling. »Sie eröffnen zu riskant«, sagte der Doktor. »Wenn Sie schon den Damenbauern ziehen, dann muss der Königsspringer folgen.« »Ich hab' noch nie ein Schachbuch gelesen«, sagte ich, »ich denke mir das alles selber aus.« »Dafür ist es dann doch nicht so schlecht«, meinte er, und ich sagte: »Spassiva, Doktor Kasparow!«

»Und Sie? Was machen Sie beruflich?«, neugierte der Doktor so ein bisschen. »Momentan bin ich Hellseher. Weil ich meine Sonnenbrille vergessen habe.« »Witzbold.« »Pardon, Doktor, im Ernst bin ich was Ähnliches wie Sie. Sie *verschreiben*, und ich *beschreibe*. Sie *überweisen*, und ich *unterweise*.« »Wen?« »Schauspielerinnen, Schauspieler, Sprecher, Sprecherinnen, Vorstände, Direktoren – na, alle die sprechen können müssten und deshalb sprechen können wollen.« »Sprechlehrer?« »Sie haben es. Unter anderem an der Freien Schauspielschule Hamburg.«

»Spreche ich korrekt?« »Sie sprechen astrein, noch.« »Wie meinen Sie das?« »Ich habe noch keinen Schiffsarzt ohne Giftschrank gesehen.« »Woher kennen Sie meine stille Bar im Hospital?« »Aus einer Vorahnung heraus. Ich sagte doch: Ich bin Hellseher.« »Ich muss noch eine Dialyse beenden.« »Und ich will das Programm sehen.« »Die Tanztruppe von der Newa?« »Genau die.« »Treffen wir uns danach im Hospital?« »Ja, aber ohne Schlips und Kragen. Und ohne Uniform, dottore!«

Das Proben hatte sich gelohnt. Die fünf tobten über die Bühne, dass es manche Leute von den Sitzen riss. Das Publikum war hingerissen. Ein tolles Programm aus vielen Stilen, vielen Rhythmen, vielen Tänzen. Als sie sich verbeugten, sah ich, dass alle drei Tänzerinnen ihre schwarze Perle trugen, an kurzen Kettchen am langen Hals. Ich sah, dass Nastja mich gesehen hatte. Der Bruchteil einer Sekunde reichte. Unsere Blicke berührten sich so schnell wie Florettklingen beim Fechten. Wie der elektrische Kontakt beim Treffer auf der Planche.

Während des Beifalls stand ich auf und ging – in die Toilette ein Deck höher. Absichtlich irrtümlich in die Damentoilette. »Oh, Sie haben sich in der Tür geirrt«, sagte die Barpianistin, die mir »zufällig« gefolgt war und mich beim Händewaschen »überraschte«. Na also, dachte ich und murmelte: »'schuldigung.« Sie war die, die jede Nacht bei Joe in der Bar Lord Nelson spielte. Sie hieß Valentina, aber alle nannten sie Valja. Keine Ahnung, wie sie wirklich hieß.

Der Doktor wartete schon im Hospital. »Alles klar?« »Ja, alles klar. Funktioniert sehr gut, unsere kleine Dialyse-Station. Sieben Patienten hab' ich da, alle sind gut drauf.« Der Brandy aus seinem Giftschrank kam mir jetzt gerade richtig. Lepanto! Ich erzählte ihm meine spontane Erinnerung: »Bei einer meiner letzten Reisen hatten wir in Cadiz angelegt, waren in ›meinem‹ Ausflugsbus von dort zuerst zum großen Gestüt der Karthäuser-Pferde gefahren. Einmalig dort die Show. Sie haben über hundert sehr niedliche Fohlen in einer großen Manege. Dann, auf einen Pfiff hin, lassen sie 500 Meter entfernt die Stuten von der Weide. Die galoppieren los und stürmen im rasenden Pulk in einer Wolke von aufgewirbeltem Staub in die Manege. Im wilden Pferdegetümmel dauert es keine zwei Minuten, bis jedes Fohlen die eigene Mutter gefunden hat. Unglaublicher Instinkt!«

»Und was haben die Gäule nun mit meinem Brandy zu tun?«, stoppte der Doc meinen Redefluss. »Na, nach dieser Pferdeshow sind wir alle Mann nach Jerez zu Lepanto gefahren. Brandy vom Feinsten. Im Weinkeller dort tief unter der Erde haben viele Promis aus aller Welt ihr eigenes Fass liegen. Gekennzeichnet mit weißer Pinselschrift auf dunkler Eiche. Dort lagern sie ihren Pivatbrandy, die Großen dieser Welt. Picasso hat rechtzeitig ausgetrunken. Hemingways Fass liegt da immer noch, etwa viertelvoll. Liz Taylor hat ihres gewiss vergessen. Manchem hat die flüssige Sonne aus dem Süden Spaniens erst das Leben vergoldet und dann den Tod erleichtert. Oder umgekehrt.«

»Gute Idee«, meinte der Doktor, »wenn ich mal prominent bin, lagere ich dort auch mein eigenes Fass, lasse mir alle halbe Jahr ein paar Flaschen abfüllen und lade dich dann ein! Auf meine Elbterrasse nach Blankenese.« Ja, ja, so wirkt guter Brandy. Auf einmal sagte der förmliche Herr Doktor du zu mir. Brandy räumt eben auf. Mit Förmlichkeit und Vorurteil. Da ging die Tür auf, und Anna kam herein. Seine Arzthelferin. Von den Passagieren »Schwester Anna« genannt. Die Matrosen sagten »Karbolmäuschen«, ohne

Rücksicht auf emanzipierten Zeitgeist. »Hallo, Anna!«, sagte ich. Sie gab mir die Hand. »Sind Sie das?«, antwortete sie. »Wer?« »Na, der Versteher.« »Sie meint«, erklärte der Doc, »unser Mädchenversteher.« Ich verstand sie beide nicht und runzelte die Stirn. – »Du hast doch unser Sorgenkind – sagen wir mal – wieder fröhlich gemacht. Unsere Nastja. Unsere schöne Stimme, emm, ich meine: Stumme.«

»Psst!«, legte ich meinen Zeigefinger auf die Lippen, »nicht so laut, und keine große Glocke bitte. Auch keine kleine. Es gibt doch auch hier an Bord – wie sagen die Russen? – es gibt Strukturen …« »Wir wissen das«, meinte der Doc, »wir Mediziner reden nicht. Schon gar nicht über diese – du weißt schon – über diese Strukturen.« Dabei machte er mit der flachen Hand ein Zeichen, als schnitte er durch seinen Hals. Dazu muss man wissen, dass die Russen ihre Mafia mit dem Ausdruck »Strukturen« gern umschreiben.

»Nastja ist meine Patientin. Sie wäre an dieser miesen Tat wirklich fast zerbrochen. Du hast sie wieder aufgerichtet, hast sie wieder ins Leben zurückgelächelt. Wir finden das …« »Lassen wir das«, unterbrach ich ihn, »ich wünschte nur, ich könnte sie besser schützen.« »Das kann keiner«, hob der Doc sein Glas und trank ohne Lächeln auf die Wirklichkeit. Der Mann denkt nicht in Schnörkeln, der redet geradeaus, gut so, dachte ich für mich.

»Anna«, fragte ich, »wir gehen nach oben, Deck 8 ganz nach vorne, an die Reling, kommst du mit?« »Danke, nein, aber ich bringe Ihnen ab und zu flüssigen Nachschub, wenn Sie wollen.« »Gern«, sagte der Doc. Wir stiegen hinauf in die sternenklare Südseenacht. Der Bug teilte rauschend die See, die bei jeder Welle kurz weiß aufschäumte und dann gleich wieder in ihr tiefes Schwarz versank. Unter uns die Brücke, beiderseits der nach hinten abgedeckte Schein der Positionslaternen. Eine ruhige Nacht hier oben. Eine Weile schwiegen wir gemeinsam in die Ferne. Dünne Wolken unter den Sternen. Nur ab und zu blitzte einer hindurch. Dann leise Turnschuhschritte. Anna kam mit der Flasche und mit Plastikbechern aus dem Hospital.

»Denkst du an Nastja?«, fragte Anna unvermittelt. Sie hatte du gesagt. »Ja.« »Tut sie dir leid?« »Ich gebe ihr nicht aus Mitleid Wärme.« »Sondern?« »Aus … aus …« »Aus Liebe? Also mehr als Testosteron?«, fragte die Krankenschwester. Ich musste lächeln. Anna lächelte zurück, machte einen Knicks und ging. Nach langen Minuten ungestörten Meeresrauschens fragte ich den Doc, der sich mit beiden Unterarmen auf die Reling stützte: »Wo kommst du her?« »Backbord vom Süllberg.« »Also Blankenese? – Gute Klientel. Ganze Reihe Privatpatienten, sicher«, mutmaßte ich in die laue Nacht hinein. – »Ja, Orthopäde.« »Durch kranke Knochen reicher Knochen?« »Ach, was heißt schon reich? Okay, mir geht es gut. Trotzdem fahre ich zwischendurch gern mal ein paar Wochen als Schiffsarzt, macht mir Spaß.« »Wenn du das regeln kannst. Ich meine Praxis, Belegbetten, Sprechzeiten und so.« »Ich habe eine Urlaubsvertretung, einen guten Mann, wir kriegen das gut geregelt.« Wir tranken in die Nacht. Bordeaux aus Plastikbechern. Und Salzstangen hatte Anna gebracht.

»Was ist denn so deine Haupteinnahmequelle? Knie, Hüften, Wirbelsäulen?« »Hüftgelenke gehen gut, werden immer wieder gern genommen«, ging er auf meinen Tonfall ein. »Aber am besten verdiene ich an Knieoperationen. Jeder zweite besteht heute auf neuen Knien.« »Mode-Operationen?« »Nee, aber früher liefen die Leute mehr und fuhren weniger. Die Knie waren in Bewegung. Heute haben Knie ein immer kürzeres Verfallsdatum. Kaum zwickt es hier und da ein bisschen, müssen neue Kniegelenke her. Früher haben sich die Beschwerden häufig wieder eingependelt. Muskeltraining, Massagen, ein bisschen Durchhaltevermögen, dann ging es wieder. Heute? Doktor, Doktor, ich brauche neue Knie! Frau Lehmann hat doch auch schon welche. Frau von Weidenfels doch auch. Und auch Herr Liebermann da oben von der Elbchaussee!«

»Na, ihr macht das aber auch sehr gerne. Arthroskopie, bedenkliche Stirnfalten, OP. Irgendwie muss die Station ja auch auf ihre Kosten kommen?« – Er wollte so ein bisschen böse werden, schaffte es aber nicht mehr ganz. Weil der Bordeaux sich jetzt mit dem Brandy vermischte, da unten gleich hinter dem Magenpförtner. »Du elender Zyniker, ich bin Ha…Heiler, kein Berechner!« »Na gut, du Heiler, wie viele OPs im orthopädischen Bereich sind denn wirklich unumgänglich?« Anna kam wieder wie ein guter Geist in dunkler Nacht. »Bordeaux Grand Cru 2005«, sagte sie und schenkte nach. »Lieb von dir«, sagte ich. »Danke, M…Maus«, sagte der Doc, der sich schon bald mit beiden Händen an der Reling festhalten musste.

»S-s-soll ich dir mal was gestehen? Was ich mir auch so ma…manchmal denke? Mehr als die Hälfte dieser Knie-OPs sind überflüssig. R-r-rausgeschmissenes Geld. Aber psst, ich darf mir ja nicht s…selber in den Hintern treten. W-weißt du, was ich selber mache, wenn mir die Knie schmerzen? Und w-was ich Freunden rate, die solche Maleschen haben? Legt euch ein kleines dünnes Kissen nachts zwischen die Knie. Das wirkt Wunder. Kissen zwischen – passt.« Dann ging der Doc ab von unserer windigen Bugbühne und verschwand im Dunkeln wie ein Bugschauspieler nach dem letzten Akt.

Balanceakt im Hospital

Ich war allein mit Anna. »Das ist wie eine Traumterrasse hier«, sagte sie und schaute in die Weite. »Terra heißt doch Erde«, überlegte ich, »und Meer heißt mare, muss die Terrasse auf einem Schiff also nicht richtiger Marasse heißen?« »Kannst das ja mal vorschlagen bei den Werften. Übrigens, diese vielen Hundert Privatbalkone auf den neuen Kreuzfahrtschiffen, die machen mir Angst. Wenn da der Sturm mal richtig reinfegt, bei heftiger See und Windstärke 10, da kann er doch richtig zupacken?« »Du meinst, umhauen den Kahn?« »Ja, denk' ich mir so mit meinem kleinen Binnenlandgehirn.« »Werden die schon genau berechnet haben«, beruhigte ich Schwester Anna, aber die sagte nur: »Die haben schon manchmal manches berechnet, den Kurs der ›Exxon Valdez‹ vor Alaska, die Weizenladung der ›Pamir‹ im Atlantik, das Bugvisier der ›Estonia‹, die Stahlstärke der ›Titanic‹, die Atomtorpedos der ›Kursk‹ – alles genau berechnet und dann doch schiefgegangen …«

Sie trank aus dem vakanten Becher des vorzeitig ausgeschiedenen Doktors. »Alles ist eine Frage der Balance, nicht nur bei Schiffen. Ich meine auch die Balance unseres Lebens. Die Balance der Seele und des Körpers«, meinte sie. »Auch die des Kopfes«, fügte ich altklug hinzu und fragte sie: »Und? Was macht deine Balance so?« »Ich bin noch ziemlich nüchtern.« »Deine Seele auch?« »Die ist okay, frag' weiter.« »Dein Körper?« »Mein Body ist … hm.« »Nicht ausbalanciert?« »Kannst du ja übernehmen?«, lächelte sie in die Dunkelheit und gab mir einen schnellen scheuen Kuss. »Ja, gerne, sehr gern sogar … aber …« »Für dein ›aber‹ hab' ich heimlich vorgesorgt.« Ich verstand nicht, was sie meinte. Dann sagte sie: »Komm in zehn Minuten ins Hospital.«

Da stand ich nun. Allein in dieser lauen Nacht da oben an der Reling. Mit dem Angebot einer ziemlich hübschen Krankenschwester. Und mit schlechtem Gewissen. Obwohl ... wer kennt nicht diese Art schönen Gewissenskonflikt. Natürlich dachte ich an Nastja. Da unten auf dem Mannschaftsdeck, wo ich sie nicht besuchen konnte. Ich hier oben über dem Brückendeck, wohin sie ungesehen kaum gelangen konnte. Dazwischen irgendwo das Hospital. Mit kardanisch aufgehängtem freiem Patientenbett.

Medizinisches Personal ist ja zu Stillschweigen verpflichtet, dachte ich. Brauche ich wirklich Anna Bolika? Ich schmunzelte für mich allein. Oder bin ich ein Charakterschwein? Ich trank die Reste aus den fast leeren Gedankenbechern. Chancen sind dazu da, genutzt zu werden, flüsterte mir meine Arroganz ins Ohr. Bin ich Mephisto, bin ich Faust? Ich befahl mir halblaut: »Mephausto, quatsch nicht, geh!« Und ging. Ins Hospital.

Anna empfing mich mit dem Zeigefinger auf den Lippen. »Der dottore schläft in seiner Kabine gegenüber. Psst, wir müssen leise sein.« Sie hatte feuchte Haare, hatte die Zeit zum Duschen genutzt. Das gleichmäßige Rauschen des Meeres drang durchs offene bulleye in unsere Ohren. Warme Tropennacht da draußen, viel gab es also nicht auszuziehen. Ich genoss die geräumige Patientendusche. Kam leise summend zurück. Sie trocknete mich ab. So vergnügt und kichernd und vertraut, als wär' es nicht das erste Mal.

Ein sauberes Betttuch beulte sich über dem Bett. Ein Behandlungsbett, viel breiter und bequemer als unten die Mannschaftskojen. Wir standen am offenen Bullauge und schauten in die Nacht. Sie hatte sich ein großes weißes Handtuch umgewickelt. Merkwürdig, dachte ich, alle Mädchen dieser Welt wickeln sich auf die gleiche Art das Handtuch um die Hüfte, und fragte sie: »Hast du noch einen Drink?« »Ja, hab' Champagner kalt gestellt.« »Champagner? Wieso? Hast du Geburtstag?« »Nein.«

Sie holte zwei dicke gläserne Zahnputzbecher aus dem Bad und öffnete geschickt die Flasche. Der Korken machte nur ein leises »plopp«. Kein Tropfen, keine Perle daneben. »... 'schuldigung,

konnte keine Schampusgläser holen, wäre zu sehr aufgefallen.«
»Ich trinke gern aus derben Gläsern. Prost, Anna!« Ich weiß nicht,
ob mißgeschicklich oder mit Absicht. Jedenfalls fiel ihr beim
Zuprosten das Handtuch auf den Boden. Nackt stand sie da. Nur
noch das kleine Handtuch um den feuchten Kopf. Ich musste grinsen und dachte »wow«! Ziemlich exzellenter Body. Sie sah meinen
Blick, grinste zurück und drehte sich, das Glas in der Hand, zweimal um die eigene Achse. »54 kg, einverstanden?« »Hm«, sagte ich,
»Germany's next Topmodel.«

Sie nippte am Glas und sagte: »Du?« »Ja?« »Ich hab' für dich ein
Mitternachtsgeschenk.« Sie lächelte mir zu und zog mit einem
Ruck das große weiße Tuch auf dem breiten Bett zur Seite. Darunter – Nastja! Nackt. Mit diesem stummen Zauberlächeln lag sie da.
Mit ausgestreckten Armen. Ey, ich war geschockt. Freudentränen
schossen mir in die Augen. Positiefer Schockzustand. Ich war total
angeglückt. Und nahm Nastjas hellblonden Kopf in meine Hände.
Sprachlos, sprechlos, spruchlos. Den Kuss, den ich ihr nur ganz
aufgeregt und zärtlich auf die Lippen hauchte, den zündete sie mit
ihrer Zunge an.

Mensch, Anna, was hast du denn da gedreht? Hat euch wirklich
niemand gesehen? Ihr seid leichtsinnig und verrückt.« »Ja, ich
weiß, und jetzt balancieren wir aus!« Tür zu, Riegel rum. Ach, so
war das gemeint, das mit der Körperbalance vorhin da oben an der
Reling. Dann redeten wir nicht mehr. Sogar der Champagner wurde wieder warm.

Ein Indianer
kennt keinen Schmerz ...

Machen Sie mit mir jetzt einen geografischen Gedankenflug? Einmal rum um unseren Globus? Von der Südsee hin zum Panamakanal? Dann erzähle ich Ihnen mal wieder ein eigenes Geständnis. Jeder junge Mann will ja der Dame seines Herzens imponieren. Damals war ich ziemlich jung und draufgängerisch, draufliegerisch, draufsteherisch. Ich wollte dem Mädchen imponieren, das ich wegen seiner perfekten Anatomie kurz »Body« nannte. Sie fand den Ausdruck »funny«. Wie das kam, das will ich gern erzählen:

Ich hatte sie auf dem Poller kennengelernt. In Aruba auf dem Poller. Da saß sie und blätterte in einem dünnen Buch. Knallrote Shorts, gleichrote hohe Sandaletten an Edelbeinen, hier im heißen dreckigen Hafen zumindest ungewöhnlich, dieser Look, schlank und schick und optisch alarmierend. Spontan zog ich meine Canon Powershot und fotografierte – ohne sie zu fragen – die tolle Linie: von ihren Füßen aufwärts, die Beine längs, den Body rauf, am Lächeln vorbei und dann hinter ihr die langen Leinen hinauf, über die Rattenbleche hin zum angeschnittenen Bug. Schöne Fotos und Gesprächsbeginn.

Sie gehörte zu einer Leserreisegruppe aus dem Rheinland, reiste aber solo, war sichtlich offen und vergnügt. Die Karibik hatte uns alle aufgeräumt, beste Stimmung, auch auf diesen letzten karibischen Inseln unserer Reise, auf Curacao und Aruba, danach sollte es über Cartagena zu den letzten See-Indianern gehen, dann durch den Panama und drüben auf der Pazifikseite südwärts an der ecuadorianischen Küste entlang und über den Äquator. Schließlich hat Ecuador diesen Namen, weil es vom Äquator durchschnitten wird. »Du hast einen tollen Body«, fiel ich begeistert, aber blöde mit der Tür ins Haus. – »Was man von dir nicht unbedingt behaupten kann.« Zack. Das saß.

Die Positionen waren also abgesteckt. Die war verdammt anmacherprobt, stellte ich fest und bemerkte die Wirkung ihres Treffers. Aber nach ein paar Sekunden lenkte sie fast herzlich ein: »Das weißt du doch noch gar nicht.« »Was?« »Na, was ich für einen Body habe.« »Interessiert mich auch nicht mehr«, tat ich beleidigt und dachte genau das Gegenteil. Dass ich bei ihr stehen blieb und nicht weiterging, da hinten über die Gangway rauf aufs Schiff, das lag an dem Wörtchen »noch« in ihrem Satz da eben.

Auf dem Display zeigte ich ihr die Fotos, die ich gerade von ihr geschossen hatte. »Toll, kriege ich da'n Abzug von?« »Nur, wenn du das zurücknimmst.« »Was?« »Dass ich hässlich bin.« »Quatschkopp«, sagte sie, »ich brauche keinen schönen Mann. Schöne Männer lieben vor allem sich selbst. Du? Du liebst dich nicht. Sonst hättest du andere Klamotten an. Und außerdem«, sie musterte mich, »hast du grad gesagt, ich interessierte dich doch sowieso nicht?«

Ich beendete den Nonsens-Dialog: »Okay, ich schicke dir die Bilder. Musst mir nur deine Adresse geben!« »Kriegst du, nachher an Bord.« Ihr brauner Teint, ihre braunen Haare, ihre braunen Augen brachten mich irgendwie auf dieses Lied. »Schwarzbraun bin auch ich, ja ich, ja ich«, intonierte mein Haselnuss-Gedächtnis, aber mein vorhin verbrannter Mund blieb diesmal lieber stumm. Ich war bemüht, endlich die kühle Birne wieder einzuschalten.

Geile Begeisterung kann ja so bescheuert machen. Ich kam mir ziemlich blöd vor nach ihrem schnellen Doppelkonter und war jetzt auf Schadensbegrenzung aus. »Was liest du da, ehem, wie heißt du eigentlich?« »Dein Kompliment war schön, dann sag' doch einfach Body zu mir.« Wie souverän, dachte ich und fragte: »Body, was liest du denn da?« »Na, über die Cuna-Indianer, da kommen wir doch in drei Tagen hin!«

Eine, die sich vorbereitet auf ihre Reiseziele, dachte ich anerkennend, und sagte: »Oja, das interessiert mich auch. Erzählst du mir nachher da oben, ich meine beim Kaffee auf dem Achterdeck, ein bisschen über die Cunas und die San-Blas-Inseln?« »Ach, lass uns lieber an der Reling treffen, nachher beim Auslaufen, ich warte auf dem Peildeck, ist das okay für dich?« Ich nickte und knipste nochmal ihre braunen Augen und ihr spitzmädeliges Gesicht. Oder wie heißt »spitzbübisch« auf Feminin?

Meinen Kaffee trank ich noch allein. Bestellte mir einen »Cardenal Mendoza« dazu. Fragte mich, wieso sie mir nicht schon lange aufgefallen war an Bord. Aber an den weiten Stränden verläuft es sich, jeden Tag auf einer anderen Insel. Sie war sicherlich meist schwimmen, dachte ich und nahm mir vor, alles ganz locker zu sehen. »Olena, noch einen Mendoza!« »Gerrberrt, noch nicht dunkel ist. Du gesagt, Alkohol erst, wenn ist dunkel«, lächelte die weizenblonde ukrainische Getränke-Stewardess Olena, deren Charme wir alle liebten. »Gut, ich bringe, aber hast du Kummer?«

»Nein, das Gegenteil. Hochgefühle!« »Sagt man so auf Deutsch?«, fragte Olena und sah mir auf die reißverschlossene Hose. »Gefühle hoch?« »Olena, Hochgefühl, das ist was anderes. Das kommt von innen.« »Deutscher Freund von mir hat auch gefühlt ganz hoch. Und hat gesagt zu ihm da innen: ›Steh' auf, kleines Mann!‹« »Olena, du meinst Stehaufmännchen, das ist wieder was anderes.« »Er mich gesehen und gesagt, dass er ist aus Häuschen. Aber der war noch drin in Häuschen!« »Olena, dein Freund war aus dem Häuschen!« »Aber sein Männchen Stehauf *ist* doch auch mein Freund. War aber noch drin in Häuschen!« Kopfschüttelnd ging sie und brachte den Brandy und sagte: »Bitteschenn, für Aufstehmännchen.«

Diese Deutschstunden mit Olena kratzten immer wieder an meiner Logik. Zum Beispiel gestern, da hatte sie sich aus Versehen bei einem kleinen Fast-Zusammenstoß einen Rotweinfleck auf die weiße Bluse gemacht. »Nicht so schlimm, die wird nachher gleich eingewichen.« »Eingeweicht«, korrigierte ich sie. – »Also bin ich dem Mann eben noch gerade rechtzeitig ausgeweicht?« »Du bist ihm ausgewichen!« »Du nicht weißt, was willst du«, schimpfte sie, »wenn endlich tot du bist, bist du dann verbleicht?« »Nein, verblichen.« »Und eben? Hab' ich dir nicht das Glas gerichen?« »Nein, du hast es mir gereicht!« »Ich jetzt habe Nase voll, gestreicht voll!« »Olena, du meinst gestrichen!«

Dann ging ich rauf aufs Peildeck. Auslaufen aus dem Hafen von Aruba. Steelband auf der Pier. Sie klopften mit ihren Schwielenhänden »Yellow bird« und »Island in the sun« und »Tally me banana« auf ihre Fässer. Winken, Rufen, ein bisschen Wehmütigkeit, wie immer, wenn man hinausgleitet aus einer schönen Erinnerung. Wird man je wiederkommen? Hierher? Dann aus allen Bordlautsprechern »Time to say goodbye«. Body hatte sich umgezogen. Jeans und Pulli, winddichte Seglerjacke in Reserve.

Sie wusste tatsächlich eine ganze Menge über die Cuna-Indianer, ihre Handwerkskünste, ihre Stickereien, über ihre Hütten und Gebräuche, über die hundert Inseln ihres Inselreichs San Blas. Selten hat jemand zu mir so schnell Vertrauen gefasst, wie diese Body. Und umgekehrt. Selten habe ich so schnell eine gleiche Wellenlänge entdeckt. Schon den ersten Coq au Vin haben wir zwei Stunden später gemeinsam gegessen, es gab noch einen freien Zweiertisch, sie mochte Côte du Rhone, meine bevorzugte Nummer 24 auf der Weinkarte, wir aßen Crème brûlée und tranken Calvados, sie schwärmte von ihrem Verein, dem FC Köln, meinte lächelnd, sie sei gerade eine Geiß ohne Bock, und der Wolfgang Overath, der habe noch mit ihrem Vater gespielt, und wieso der dumme HSV den Olic habe nach Bayern ziehen lassen?

Später am Abend tanzte sie gerner noch als ich, hatte sich zwischen Dinner und Dancefloor noch mal neu gedresst und aufgetakelt, sah richtig rasant aus mit ihrem kurzen Kleidchen und ihren langen Tangobeinen, mit ihren karibischen Perlen auf angetönter, angetörnter Seidenhaut, und sie lud mich wortlos ein, ihr aktuelles Liebes- und Lebensvakuum zu füllen. Wir haben gar nicht weiter darüber geredet. *Ihre* Kabine brauchten wir nur noch für die Koffer.

Cartagena war gefährlich. Alles in Kolumbien ist gefährlich. Die bürgerbekriegen sich seit über 40 Jahren. Der Kreuzfahrtdirektor warnte im Bord-TV und über Mikrofon: »Bleiben Sie in Gruppen, lassen Sie Wertsachen an Bord!« Kolumbien lebt vom Drogenhandel, Menschenhandel, Mädchenhandel – und von fantastisch schönen Edelsteinen. Smaragde, halb so teuer wie in Deutschland. Man muss nur absolut sicher sein, dass man bei den richtigen Leuten die richtigen Steine kauft.

In Ländern wie Kolumbien oder Venezuela sollte man nach Möglichkeit nie versehentlich als Yankee angesehen werden! »Aleman« ist gut, »american« ist merda. Lateinamerikaner mögen Italiener, Spanier, Portugiesen und Deutsche. Die Deutschen vor allem wegen Beckenbauer und Benedikt. Ihre nördlichen Sternenbanner-Nachbarn kommen nicht an mit ihren greenbacks und ihrer blauäugigen Besserwisserei und gelegentlichen Überheblichkeit. Vielleicht kann Obama da was verändern? Aber der ist Afro und nicht Latino …

Beim Frühstück sagte ich zu Body: »Zieh dir 'ne lange Hose an. Und nimm dir für Dombesuche und für Kirchen ein Kopftuch mit. Und steck' dein Geld vorne in die Turnschuhe. Kein Händchenhalten und kein Küsschen auf der Straße! Okay?« Ich weiß, das alles ist keine Sicherheitsgarantie, aber man kann sich doch ein bisschen einstellen auf den Landgang in brisanter Gegend. Cartagena, eine Stadt in hellem Gelb mit vielen Blicken. »Mal sehen, ob es funktioniert«, sagte ich und steuerte mit Body die nächste Polizeistation an.

Erst misstrauische, dann freundliche Polizisten. Spanisch-deutsches amigo-parlando, ein bisschen Palaver, ein bisschen café pequeño von nebenan, und – hombre, das siehst du doch, wie sehr diese schöne Frau des polizeilichen Schutzes bedarf. Aber das geht doch nicht, no possible, spanisch ausgesprochen, claro, und dann wird es doch possible, weil – den Euro wissen sie mehr zu schätzen als ihren inflationären Peso, und beim Zehner noch nicht, aber beim blauen Zwanziger (gleich 60 000 Pesos!) zogen sich Julio und Ernesto ihre Halfter um, die Jacken an, die Mützen auf, der alte grüne Jeep sprang an, wir saßen drin und fuhren kreuz und quer durch diese Stadt der Gegensätze.

Drogenpaläste und Drogenelend in naher Nachbarschaft, alles viel zu kontrovers, zu kompliziert, als dass man es in Kürze schildern könnte. Kolumbien, benannt nach seinem Genueser Entdecker Columbus, verfügt über die größten Anbauflächen für Koka-Pflanzen in der Welt und ist seit Jahrzehnten politisches Pulverfass. Wir sind jedenfalls ausnahmsweise nicht entführt worden, nicht mit Dealern in provozierten Streit geraten, nicht beschissen und beschossen worden, und ich verstaute in meinen Brustbeutel einen herrlichen hoffnungsgrünen Smaragd. Für wen, das wusste ich noch nicht.

Als wir abends durch die Zoll- und Passbarrieren zum Schiff zurückgingen, sagte Body einen schönen Satz, der mich irgendwie flashte, einen Satz als schöne Frage: »Warum haben wir uns nicht früher kennengelernt?« »Hab' ich mich auch schon gefragt, ob ich vielleicht abwesend oder bordblind war.« »Ich glaube, man kann gedankenverloren Gedanken gewinnen«, lachte sie. Egal: ¡Hasta la vista!, Julio y Ernesto, muchas gracias für eure ganz spezielle guardia civil!

Und dann San Blas und die letzten der Indianer. Mohikaner gibt's, glaube ich, nicht mehr, aber die Cunas auf ihren Inseln! See-Indianer! Die letzten See-Indianer dieser Erde. Ein Erlebnis der besonderen Art. Schon von Weitem paddelt eine Armada von langen schmalen Booten dem Kreuzfahrtschiff entgegen. Wenn der Anker gefallen ist, kommen die unzähligen Boote längsseits. Ein Geschrei aus tausend Kehlen, denn in jedem dieser Boote sitzen ein paar Männer und viele, viele Kinder. Die meisten so zwischen acht und zwölf, braune Jungs und Mädchen, die uns zeigen wollen, was sie am besten können, nämlich tauchen! »Coin, coin!«, schreien sie hinauf zu unserer Reling, eine lange Reling voller verdutzter Passagiere. Die meisten laufen in ihre Kabinen und holen alle Münzen, die sie finden können.

»… der werfe den ersten Stein.« Nein, hier ging es um die erste Münze. Der Euro glänzte beim Flug durch die Sonne, platschte ins dunkelgrüne Wasser neben dem Boot. Wie ein Fischadler schnellte der Indianerjunge vom Boot und tauchte hinterher in die Tiefe, bekam da unten die Münze zu fassen, tauchte wieder auf, streckte die glitzernde Münze in die Luft und lachte triumphierend herauf an die Reling.

»Coin, coin!«, riefen seine Freunde überall in den Booten. Und Dutzende Euros und kleinere Münzen flogen hinunter, Beifall von oben und Jubel von unten. Weiter weg von den Booten sollten wir die Geldstücke werfen, zeigten uns die Kinder an, sie wollten uns ihre Kopfsprünge und Salti zeigen und Euros auch im Fluge greifen, und sie schrien lachend ihre Lebensfreude zu uns herauf.

Bedenkenträger gibt es überall. Auch hier an der Reling. »Das kann man doch nicht machen«, sagte eine weißhaarige Dame entrüstet, das sei doch nicht vereinbar mit Achtung und Menschenwürde. Und wenn überhaupt, könne man das Geld doch auch direkt an die Boote überreichen, und überhaupt, und überhaupt.

»Und?«, fragte Body diese Dame und ihren kopfschüttelnden Begleiter, »wie viele Münzen haben Sie denn schon geworfen?« »Keine. Das ist doch ehrverletzend und würdelos.« »Fragen Sie doch mal diese fröhlichen Jungs da unten auf den Booten!« »Na, die wissen ja noch gar nicht, was sie da tun, was Ehre und Stolz bedeuten.« »Wissen Sie, was Sie für diese Kinder sind?«, ereiferte sich die sonst so friedliche Body, »Sie sind geizig, und Sie sind Spielverderber!« Da warf die weißhaarige Dame einen 10-Euro-

Schein hinunter. Die Kinder beachteten ihn nicht. Lange schaukelte er auf dem Wasser, dann fischte ihn ein alter Indianer mit dem Paddel auf. Die Dame hatte nichts begriffen.

Der Landgang war spannend, wir wurden ausgetendert, Body kaufte Kissenbezüge mit eigenartigen Stickereien, Vogelmotiven, Inselmotiven, ich probierte den Indianerschnaps der Cunas und wäre dabei um ein Haar an Herzstillstand verendet. Der Curaçao auf Curaçao war angenehm dagegen, der Arrack auf Aruba auch, der Rum von Tortuga schmeckte am besten als Cuba Libre, aber dies hier, dies war die reine Blutvergiftung. Ich krächzte noch, als wir längst wieder an Bord waren und beim Abdrehen all den Kindern in ihren Booten winkten. No more coins, sorry, all ihr kleinen Indianer!

Nächster Mittag im Golf von Darien. Dinnerdiskussionen über das Kostümfest, das für den Abend angesagt war. Gespräche über Tischgrenzen hinweg. Seeräuber wollten sie sein, Piraten, Priester, Bonapartes. Die Damen Nixen, Prinzessinnen, Tempeltänzerinnen. »Ich gehe als Streichholz«, witzelte Body, »ja, nackt, nur mit einem roten Kopf.« Und ich? Machte wieder einen Fehler. »Ich gehe als Miss Piggy.« Sofort bezog das diejenige am Nebentisch auf sich, die dem rosa Schwein tatsächlich ähnlich sah.

Zwar wollte mir Helen, die amerikanische Seniorin zwei Tische weiter, entzückt ihren pinken einteiligen Badeanzug leasen, Größe 52 glaube ich, auch ihre rosa Gummibadekappe, Badelatschen und ein großes rosa Handtuch – »thanks, Helen, that's great«, konnte ich noch sagen, da suchte der Eber von Piggy richtig Streit, weil er darin eine Diffamierung seiner fetten Frau vermutete. Das war die mit dem rosa Gesicht und den kleinen Schweineaugen. Außerdem war er erbost über meine geplante Kostümierung mit einem Schwimmanzug, weil sein Fleischklops gar nicht schwimmen konnte. »Wollen Sie sich über Mitreisende lustig machen?«, herrschte er mich an. Ich wusste gar nicht, was er meinte. »Über

Nichtschwimmer und andere Behinderte?« Wir wussten nicht, ob das gespielt oder wirklich ernst gemeint war. Der Mann war rot angelaufen und unterstellte mir tatsächlich Beleidigung und Ehrverletzung seiner Frau. Dieser rosa Fleischberg changierte in gefährliches Bluthochdruckrot und begann zu schluchzen. Und ich sagte zu Body, vielleicht eine Idee zu laut: »Was für'n Arsch!«

Der Eber, dieses Schweinchen Schlau, meinte, mein unvorteilhaftes Idiom sei wieder gegen seine füllige Frau gerichtet und drohte, schon unter Starkstrom von mehreren eins-zu-eins-gemixten Cuba Libre: »Pass auf, dass du keine in die Fresse kriegst!« Ich schob meinen Stuhl zurück, aber Body legte ihre Hand besänftigend auf meinen Arm und sagte: »Lass ihn, der ist dumm und besoffen.«

Wir zogrn also ab in unsere Kabine. Erstens weil es regnete, und zweitens, weil ich an indianischer Liebestechnik arbeiten wollte. Und außerdem sollten wir uns ja hinterher für den Abend kostümieren. Mit der Liebestechnik, das war ein Vorhaben der besonderen Art, oder besser Artistik. Body hatte auf einer indianischen Zeichnung gesehen, wie man es *auch* machen könnte. Wir kamen ja gerade vom San-Blas-Archipel, und sie, die in Polen geborene Kölnerin mit türkischem Urgroßvater, dieses probierfreudige Mädchen hatte sich, wie für alle anderen Reiseziele auch, einschlägige Literatur über die San-Blas-Inseln besorgt. In einem dieser klugen Bücher hatte sie auch diese Zeichnung von einem indianischen Liebesakt gefunden.

Als ich aus der Dusche kam, saß sie nackt auf meiner Kojenkante und zeigte mir das Bild. Ich war nun bemüht, den männlichen Part der extrem schwierigen Übung auszuführen.

Da passierte es. Body rutschte aus. Ein greller Blitz schoss mir ins Hirn. Ihr linkes Knie knallte mir mit voller Wucht ins rechte Auge. Ich war für Sekunden blind. Mit beiden Händen griff ich an mein sofort zuschwellendes Sehorgan. Tastete, fühlte, schrie: »Verdammt, ich seh' nix mehr!« Aber ich konnte ihn noch fühlen, meinen rechten Augapfel in der Augenhöhle. Gott sei Dank, er war noch da. Doch was hatte Gott damit zu tun? Und Dank war überhaupt nicht angebracht. »Diese Stellung ist Scheiße«, sagte Body trocken.

Dann hörte ich meine erschrockene Squaw von ferne rufen: »Mein Gott!« Sie war nach unserer Entknotung ins Bad gelaufen, um mit einem nassen Handtuch mein Auge zu kühlen. Wieder fehl am Platze, diese Anrufung des Herrn. Denn der hätte uns sicher abgeraten von unserem blöden Experiment. Und wenn überhaupt, dann hätte sie sich an Manitou persönlich wenden müssen. Ich selbst, falls sie mich gemeint haben sollte mit ihrem Ruf, ich war nur noch ein halbblinder Viertel- oder Achtelgott.

Vitali Klitschko nach seinem Kampf gegen Lennox Lewis! Diese Ähnlichkeit fiel mir als Erstes auf, als ich mich im Spiegel erkennen konnte. Nur mit dem ersten Auge, mit dem zweiten sah ich nicht nur nicht besser, sondern überhaupt nichts mehr. Das war dicht, tennisballgroß zugeschwollen. Es leuchtete in vielen bunten Farben, vorherrschend in Dunkelblau. Auch die Kühlung nützte wenig. Auf die Kostümierung konnten wir nun getrost verzichten. Body ging als Pflegerin und ich als KO-gegangenes Halbschwergewicht.

Als wir den Speisesaal betraten, sah ich mit dem linken Auge in viele entsetzte Gesichter. »Hat er ihm tatsächlich in die Fresse gehauen?«, hörte ich süffisant vom Nachbartisch. Das war Miss Piggys Stimme, und es schmerzte noch mehr als das eingeplätschte blaue Auge. Und als dann der Widerling vom Mittag aufkreuzte an seinem Tisch, wurde er von seiner Miss Piggy beglückwünscht zu seinem »Volltreffer«. Wer nicht sieht, hört umso besser. Ich hörte Häme, und ich litt. Er tat sich groß und tat als ob und wuchs auf seinem Stuhl und gab sich auch noch gönnerhaft. »Kaum der Rede wert, das wird schon wieder«, höhnte er herüber.

Sehen Sie, ich gestehe hier auch mal eine eigene Niederlage

ein. Die schmerzte umso mehr, als ich ja glaubhaft nicht die wirkliche Geschichte erzählen konnte. »Ein Indianer kennt keinen Schmerz«, sagte Olena, die Getränke-Stewardess. Sie wusste nicht, wie nah sie an der Ursache meines schweren Schicksalsschlages dran war. Irgendwann schlich der Bordarzt an unseren Tisch und bot medizinische Hilfe an. »Es war ein koitaler Unfall«, versuchte ich ihm zu erklären. »Ja, ja«, meinte er, »Unfall macht sich immer gut. Schlägereien an Bord sind auch ziemlich unerwünscht.«

Dann, nach etwa zehn Minuten, kam der Rückschlag für den Triumphator. Der Chiefsteward trat an unseren Zweiertisch, verbeugte sich und sagte: »Der Kapitän würde sich freuen, Sie heute an den Captain's Table einladen zu dürfen.« Body sah mich aus ihren beiden schwarzbraunen Haselnusspupillen an, ich zwinkerte einäugig zurück, und wir stimmten zu. Überrascht. Und auch ein bisschen neugierig. Herr und Frau Piggy wären fast vom Stuhl gefallen. Als wir uns erhoben, sah ich ihre schreckblockierten Münder offen stehen.

Majestätisch geleitete ich meine Body hinüber zum großen runden Captain's Table. Der Kapitän, nur sehr verhalten kostümiert mit einem roten Einstecktuch, stand höflich auf, begrüßte uns, stellte sich vor, als ob wir ihn nicht längst schon kennen würden, sah mich an, dann meine Partnerin, und ich antwortete auf seine ungestellte Frage: »Darf ich vorstellen, das ist Body!« »Guten Abend, Frau Body«, verneigte sich der Kapitän in seiner weißen Uniform.

»Darf ich hoffen«, sagte ich mit der mir noch verbliebenen Rest-Grandeza, »dass Sie uns nicht aus Mitleid eingeladen haben, Herr Kapitän?« Er war Charmeur und Gentleman in einem: »Nein, die Schönheit Ihrer Partnerin hat mich dazu veranlasst.« Er griff sein Champagnerglas, verneigte sich in Richtung Body und wünschte uns allen eine gute Reise. »Zum Wohl«, sagten alle in der Runde, und ich fand den Schampus zwar gut, doch eine Spur zu warm. »Dass Sie mit Ihrem Auge diesem Abend heute hier nicht ferngeblieben sind, finde ich mutig und sympathisch«, meinte der Mann mit den vier goldenen Ärmelstreifen.

Aber dann, glücklicherweise, war das blaue Auge kein Gesprächsthema mehr. Es ging um die Cuna-Kultur auf dem San-Blas-Archipel, über den schönen Ausflug zu den Inseln, und da Body ja so viel über das Thema gelesen hatte, beeindruckte sie jetzt die Runde mit enormem Wissen. Die beiden Amerikaner am Tisch räsonierten tuschelnd über ihren Namen. »Miss Body« musste für sie problematisch sein. Aber wir blieben jetzt stur bei dieser Bezeichnung. Und gaben keine weiteren Erklärungen ab.

Als es auf gläsernen Tellern Kaviar gab, mit gehackten harten Eiern, Zwiebeln und saurer Sahne als kulinarische Eskorte, da verzichtete ich auf die Beigaben und genoss den reinen Kaviar. Body beobachtete meinen Genuss und schob mir unauffällig ihren Teller rüber. »Du hast mehr davon als ich«, flüsterte sie mir zu. Und ich sagte laut: »Das ist ja wie Weihnachten!« So kamen wir – fast unter dem Äquator – auf das verschneite Weihnachtsthema »Gruß an Bord«. Der Kapitän kannte die Sendung des NDR. Seit vielen Jahren höre er sie jeden Heiligabend, sagte er. Manchmal an Land, meistens an Bord.

Und er fragte, bei immer noch 30 Grad Außentemperatur, wer denn Heiligabend 2008 diesen zu Herzen gehenden Monolog einer jungen Seemannsfrau gesprochen habe? Dieser Text habe ihn sehr berührt. Ihm seien beim Zuhören sogar ein paar Tränen gekommen, gestand er in der Runde. »Das war die junge Schauspielerin Andrea Christina Furrer«, sagte ich, »Sie haben recht, das war bewegend. Und viele Hörer haben um den Text gebeten.« »Den hätte ich auch gern«, meinte der Kapitän, und ich versprach, ihm seinen Wunsch zu erfüllen. Hier ist sie also, Andreas Heiligabend-Reportage. Allerdings ohne die dazugehörige Nordsee-Brandung, die in der Sendung im Hintergrund zu hören war:

... hast du gesagt.

Nirgendwo kommt die See so dicht an mich heran wie hier im Watt von Duhnen. Alle sechs Stunden kommt sie, alle sechs Stunden fließt sie wieder ab. Lässt auch an diesem Heiligabend tausend Krebse und – tausend Gedanken hier auf dem nassen Sand zurück. Drüben in der Fahrrinne der Elbmündung sehe ich im Dunst die großen Pötte vorübergleiten. Komm am besten gar nicht hin, hast du gesagt. Aber du hast mir auch gesagt, wann ihr in Hamburg ablegt, und da konnte ich mir ausrechnen, wann ihr Cuxhaven passiert. Ja, ich erkenne dein Schiff. Die Brücke, die rote Positionslaterne, das Licht hinter den Bullaugen. Und ganz vorne, ganz da oben funkelt es. Ey, ihr habt ja sogar einen Tannenbaum in den Vormast gehievt und da oben festgemacht!

Du hast gesagt, ich soll nicht winken. Du müsstest arbeiten, da oben an Bord, hast du gesagt. Du hättest gar keine Zeit zu winken. Ich weiß, dass das nicht stimmt. Natürlich müsst ihr arbeiten. Aber ich sehe sie ja, die Männer da oben in der Brückennock. Die Ellbogen auf der Reling. Den Blick nach Backbord gerichtet. Hierher zum Ufer und zur Kugelbake. Euer Blick nimmt nächtlichen Abschied. Von wem? Von der Heimat? Von mir? Du hast gesagt, ich soll nicht winken. Ich soll dich nicht anrufen übers Handy. Noch ginge das ja. Eine halbe Stunde würde das noch klappen. Danach stirbt das Mobilfunknetz an der wachsenden Entfernung. Du hast gesagt, es sei alles gesagt. Dass du mich liebst. Dass ich dich liebe. Ich soll nicht winken. Also winke ich nicht. Ich denke nur. An dich. An uns. An deinen Job auf See. Diesen Scheißjob, den ich so hasse. Diesen Abschiednehmenmüssen-Job. Deinen tollen Job, um den ich dich beneide. Du siehst auf einer Reise manchmal mehr als viele Leute in ihrem ganzen Leben.

Dieser Job, dein Beruf, Geliebter, zerreißt mir die Seele. Du hast *mir gesagt, manchmal wärest du ganz glücklich dort oben auf der Brücke. Ein Riesenschiff, das auf deinen Knopfdruck reagiert. Ein tolles Gefühl sei das. Und dann – gebe es Nächte, in denen du weinst vor Einsamkeit. Hast du mir einfach so ins Ohr gesagt, vorgestern, als es am schönsten war für uns beide. Und da musste ich auf einmal weinen. Ihr seid 24 Mann auf diesem großen Schiff. Philippinos, Indonesier, Polen, Kiribatis, Russen und – Nordfriesen, so wie du einer bist. Aus Wesselburen hinterm Deich in die große weite Welt. Ihr Jungs da an Bord, ihr seid aufeinander angewiesen. Aber einer aus Kiribati singt nicht »Stille Nacht«, hast du gesagt, und dein Kollege aus Manila hat noch niemals Schnee gesehen. Weißt du, hast du gesagt, man kann auch gemeinsam einsam sein. Ich weiß es. Ich weiß, dass du jetzt einsam bist, ich weiß sogar die Brandy-Marke, die du dir mitgenommen hast. Dein Lächeln war so bitter, als du mir an der Kasse leise sagtest, so eine Flasche sei für dich an Bord manchmal so etwas wie – der Sanitäter deiner wunden Seele. Grüß den Sanitäter von mir, wenn du nachher mit ihm in deiner Kammer an mich denkst. Weißt du, dass ich mir den gleichen Brandy gekauft habe, heute noch, weil ich mit dir etwas Gemeinsames empfinden möchte? Heute Abend. Heute Nacht. – Ich winke nicht. Du willst keine Sentimentalitäten, hast du gesagt. Ob du jetzt mit dem Fernglas, schon weit da draußen, auf der Brücke stehst und heimlich suchst nach mir, nach meiner blauen Jacke hier am dunklen Strand? Später fahrt ihr durch den Ärmelkanal, durch die Biskaya, durchs Mittelmeer, durch den Suezkanal, durchs Rote Meer und dann durch den Golf von Aden. Da – lauern Terroristen. Pass bloß auf. Die werden hier immer noch naiv als »Piraten« bezeichnet. Hört sich an wie Disneyfilm und »Fluch der Karibik«. Dabei sind das schwerbewaffnete Terroristen, hast du gesagt, und ihr hättet kaum etwas, um euch zu wehren. Es wird schon gut gehen, hast du gesagt, und endlich, endlich seien ja auch Marineschiffe dort. Soll ich für dich beten? Nein. Ich bete nicht. Ich winke nicht. Ich wische nicht mal meine Tränen ab.*

Rocker, Ritter, Retter Raphael

Das angekündigte Kostümfest war, glücklicherweise, ein ziemlicher Schuss in den Ofen. Kaum jemand hatte sich zur Verkleidung animieren lassen. Gut so, dachte ich, denn diese krampfhaften »Äktschens für Paxe«, wie Reiseleiter unter sich sie gerne nennen, diese Actions auf See sind häufig mehr Belästigung als Spaß. Da werden dann Dreißigerjahreschleierdamenhüte verteilt, falsche Federboas für Hängeschultern, rote Fez-Kappen für Herrenglatzen, Fransenkleidchen für Stützstrumpfbeine, lustige Strohhüte, große Fliegen und allerlei Firlefanz, der angeblich fröhlich machen soll.

Den ganzen Quatschkram sollten sich Kreuzfahrtdirektoren sparen und dafür am Abend auf jeden Tisch eine Flasche Champagner stellen lassen. Oder zwei. Das käme besser an und wäre nicht so ärgerlich gequält auf Spaß gepeitscht. Ähnlich skeptisch äußerten sich auch die Herrschaften hier am Captain's Table, die den Aufruf zur Kostümierung protestlerisch boykottierten. Dass manche Leute, wie Miss Piggy an Tisch 14, immer so aussehen wie schlecht maskiert, das ist eine andere Seite. Sie sähe mit Gasmaske sicher besser aus.

Dann ein bordkultureller Zwischenfall! Die amerikanische Millionärin Lady Hudson feierte ihren 75. Geburtstag! Das Trio war schon unterwegs zu ihrem Tisch, die Wunderkerzen sollten angezündet werden, die Schokoladentorte stand bereit, »Stars and Stripes« war vorgesehen und »Happy birthday to you«, und auch »Susannah«, das Lieblingslied der reichen Dame, das sollten sie bitte spielen und vielleicht noch ein paar andere Songs wie »Oh my darling Clementine«. Aber bevor noch der erste Ton erklang, stolperte der Gitarrist über eine Teppichbodenwelle, knallte zwischen die Tische, schrie auf und brach sich den rechten Daumen.

Grande catastrophe! Ausgerechnet jetzt! Ausgerechnet der rechte Daumen des Gitarristen! Kleine Panik im Großen Speisesaal! Aber dann sprang einer von unserem Kapitänstisch auf. Ich mag solche Leute, die so blitzschnell schalten. Wir hatten ihn gerade kennengelernt. Er hatte mir seine Visitenkarte gegeben. Da stand nichts von Musiker. Da stand »Hans Gerst, President of Best Western Hotels Germany«.

Und dieser Präsident sprang jetzt auf. Seine auffallend hübsche Partnerin Charlotte wollte ihn noch bremsen. Aber nein, er sprang auf und rannte los zum Unglücksort. Er klopfte dem gestürzten »Kollegen« auf die Schulter, griff sich dessen am Boden liegende Gitarre, nickte den anderen Musikern zu und zählte: »a-one, a-two …« Und spielte mit denen, als habe er nie etwas anderes getan. Die Lady war entzückt, der Kapitän war sprachlos und wir alle völlig überrascht.

Und der smarte Hotelmanager aus Salzburg? Dieser österreichische Hamburger? Der Gitarrist und Sänger mit dem Donau-Bärtchen? Dieser charmante Erzengel Raphael? (So nicknamten wir ihn, nachdem wir erfahren hatten, dass er in Hamburg und Schwerin sieben »Raphael-Hotels« managt und dass sein Sohn das Seemannshotel »Stella Maris« in Hamburg leitet.) Dieser Grandseigneur als Aushilfsgitarrist spielte nach dem Captain's Dinner mit der Band auch noch zum Tanz und sang sich in die Herzen seines Publikums. Mit einer Stimme wie Anthony Quinn in seinem legendären Lied »I love you«. Charlotte tanzte, Body tanzte, der Kapitän rock'n'rollte sogar in Uniform, es war Highlife auf dem Tanzquadrat! Kurz vor Mitternacht verabschiedete sich Hans Gerst mit einer eigenen Komposition »Wie geht's?«. Seine Musiker-Kollegen feierten ihn. Wir feierten ihn auch. Und Lady Hudson hätte ihm um ein Haar ihr Vermögen überschrieben.

Panamachmal schnell!

Am nächsten Morgen, es war erst vier!, pochte es an unserer Kabinentür. Schlaftrunken und unbekleidet wankte ich hin und öffnete. Der Dritte Offizier entschuldigte sich und sagte: »Der Kapitän möchte Ihnen ein besonderes Erlebnis vermitteln. Die Einfahrt in den Panamakanal. In 20 Minuten erreichen wir die erste Schleuse!« »Okay, wir kommen auf die Brücke. Und vielen Dank!« Ich rüttelte an Body. Ungnädig drehte sie sich auf die andere Seite: »Nein, nicht schon wieder! Ich bin total müde!«

Es kostete mich viel Geduld und Überzeugungskraft, sie aus ihrem Tiefschlaf hochzubringen, ihr zu erklären, welch ein besonderes Ereignis auf uns warte. Mürrisch fragte sie: »Eeeh?« Aber dann kapierte sie, schwankte ins Bad, weckte sich selbst mit kaltem Wasser, warf den kurzen Seidenfummel von gestern Abend übern Kopf, zuppelte ihn zurecht, das schwarze Minikleid von H&M oder Joop oder Escada oder was weiß ich von wem, malte routiniert noch über ihre Lippen, schlupfte schlaftrunken in ihre schwarzen Pumps vom Abend, wobei ich dachte: Wie total passend – Stilettos ausgerechnet da oben auf der Brücke! –, aber das alles war mir scheißegal, Hauptsache, jetzt rauf auf die Brücke!

Ich schnappte meine Kamera, und rechtzeitig standen wir fünf Minuten später in der Brückennock. Die Kanaleinfahrt lag wie ein unwirklicher Trichter vor uns in der Morgendämmerung. Dann ratterten sie heran, schemenhaft aus dem frühen Morgendunst wie Höllenmaschinen aus dem Jenseits, die berühmten Loks an beiden Seiten des Kanals, und zogen uns langsam in die erste Schleusenkammer. Überall Scheinwerfer, blinkende Lichter, Kommandos, Tuten, Hupen. Wir waren fasziniert von unserer Einfahrt in den Panamakanal und auch noch die ganze 82 Kilometer lange Kanalpassage lang. Der Kapitän wusste und erklärte viel. Wir dankten ihm, dass er uns hatte wecken lassen: »Superidee, herzlichen Dank!«

Aber ich vermute, vor allem wollte er Body auf der Brücke haben. Wollte sie wiedersehen nach diesem Abend an seinem Captain's Table. Er hatte ein paar Mal mit ihr getanzt. Ich weiß, das reicht bei ihr, um Männer unruhig zu machen. Mir war es ja nicht anders ergangen. Und sie spielte sie gerne, ihre optischen Unschuldsspielchen, ihre Kurzkleidkindfrauraffinesse. Hier oben neben dem Rudergänger hatte sie auch ihre Müdigkeit vergessen. Und vertraute wohl unbewusst auf die Wirkung der noch frischen Morgenbrise.

Denn draußen in der Nock ließ sie ihr Röckchen so im Winde flattern, dass es dem Kapitän kaum entgehen konnte, wie überstürzt sie sich vorhin, nach dem plötzlichen Kanalalarm, angezogen haben musste. Ich sah das auch, aber dennoch keinen Anlass, sie auf ihr Versäumnis hinzuweisen oder gar ihren Slip aus der Kabine raufzuholen. Sogar der Lotse bezog jetzt häufig zwei Meter hinter ihr seine Ausguckposition. Der Chiefmate musste grinsen und orderte später unser Frühstück auf die Brücke. »Bitte, nimm Platz hier auf dem Schenkelbrett!« sagte er zu ihr. Dieser Ausdruck stammt aus der Walfangfahrt: Aufs Schenkelbrett stützt sich der Harpunier beim Schuss. Der Chiefmate meinte allerdings etwas ganz anderes.

Aber bei aller Leichtigkeit der Seide war Body doch auch sachlich äußerst interessiert. Wir sprachen mit dem Kapitän und mit dem Lotsen über die dramatische Geschichte des Kanals, über die vielen Tausend Malaria-Opfer, die beim Bau ums Leben kamen, über die schon seit mehr als 300 Jahren geplant gewesene und dann doch erst vor 100 Jahren tatsächlich gegrabene Verbindung zwischen beiden Weltmeeren. Gegraben mit Hunderttausenden von Schaufeln, ohne Bagger, ohne Raupen, nur mit einfachstem Gerät quer durch die Sümpfe Panamas.

So diskutierten wir über die enorme wirtschaftliche Bedeutung des Kanals für den Welthandel. Vor seiner Inbetriebnahme musste ja der raue Riesenumweg rund Kap Hoorn gesegelt werden. Und über die strategische Bedeutung dieser einmaligen Wasserstraße. Auch über die Breite des Kanals, die die modernen Schiffsgrößen begrenzt. Und dass der Kanal deshalb jetzt verbreitert wird. Und wir redeten über die politische Bedeutung des Kanals, über die Rolle der Schutzmacht USA in der fesselnden Geschichte dieses einzigartigen Bauwerks, über die Situation seit der Übernahme durch Panama.

Aber all das Historische wurde immer dann ganz unbedeutend, wenn Body in den Wind hinausging. Dann brach der Lotse seine Darlegungen mitten im Satz abrupt ab, um draußen dringende nautische Probleme zu erledigen. Dann untersuchte der Kapitän ein ums andere Mal den völlig intakten Tochterkompass hinter Bodys Fähnchen im Wind. Und ich erkannte: Ein spannendes Enthüllungstuch ist eben immer wirkungsvoller als noch so gebildete Gedanken. Aussichten schlagen Einsichten fast immer.

So wurden unsere klugen Erkenntnisse immer wieder vom Winde verweht, während die Kanal-Lokomotiven unser Schiff von Schleuse zu Schleuse zogen. Alles sehr spannend, nur kam der Kapitän bodymäßig nicht so zum Zuge wie die Loks an beiden Seiten. Denn Body kehrte von ihrem kurzen Toiletten- und Kabinengang am Nachmittag zwar frisch gewaschen und gekämmt, aber mit langer Hose auf die Brücke zurück. Schade, dachte der Kapitän, aber sagte es nicht, weil: Was sollte er denn sagen?

Und so staunten wir Panama-City und der Kanalausfahrt entgegen und speicherten dieses Erlebnis auf unserer mentalen Festplatte. Dort werden wir es bewahren, bis Herr Alzheimer eines Tages die Löschtaste drückt. Doch dazu möge es nie kommen, denn gemeinsame Erlebnisse sind wie Pattex für die Seele, sie schweißen mehr zusammen als Liebesschwüre oder Ehe-Eide. Der Panamakanal, die Cuna-Indianer und mein blaues Auge gehören zur Schweißnaht zwischen Body und mir.

Rosita und der Goldzahn

Bleiben wir noch ein paar Seiten in Mittelamerika, wechseln wir von den San-Blas-Inseln nach Belize. Vom ganz großen zum ganz kleinen Schiff. Auch kleine Boote haben eine Reling. Könnte fast eine Schlagerzeile sein. Auch die »Rosita« hatte eine. Die »Rosita« war ein etwa sechs Meter langes Metallboot, blau-weiß angemalt, offen, mit drei hölzernen Sitzbänken quer im Rumpf, ganz hinten hockte auf der Achterkante unser »Skipper«. Ein dunkelbrauner Mestize mit furchterregendem Aussehen. So um die 45 war er und sprach keine Sprache. Jedenfalls sagte er nichts. Er brummte nur. Sein einziger Zahn steckte links oben im Oberkiefer und war aus Gold. Er sah so ähnlich aus wie das Ungeheuer mit dem stählernen Zahn in diesem James-Bond-Film. Wir nannten unseren belizianischen Bootsführer den »Goldzahn« und hofften, dass er trotz seiner Mundfaulheit vielleicht ein guter Seemann sei.

Auf Booten wie der »Rosita« steht man nicht an der Reling. Man sitzt. Und Geständnisse hört man manchmal auch dort. An der niedrigen Bordwand unmittelbar über dem Wasser. Zum Beispiel das von Thomas Glaue. Damals in Belize. Nach unserem gerade noch glimpflich ausgegangenen Abenteuer. Dass er das Risiko wohl unterschätzt habe, uns dort in den haiverseuchten Gewässern vor der mittelamerikanischen Ostküste, jenseits des zweitgrößten Barrier-Reefs der Welt, in die tückische See zu schicken. Mit einem seeuntüchtigen Boot und einem defekten Drehgriff am Außenborder. Um ein Haar wäre damals nämlich Petra, die Gattin des renommierten Hamburger Versicherungsvorstandsvorsitzenden Dr. Gerd-Winand Imeyer, über Bord gegangen. Hätte diese verhängnisvolle Hanse-Meerkur nicht überlebt. Aber es war in Wirklichkeit kein Haar, sondern ein dünnes einpoliges Telefonkabel, an dem unser Schicksal hing. Unser und Petras Leben hatte also nicht am berühmten seidenen Faden gehangen, sondern am drei Millimeter dicken Kupferdraht in einem etwa zwanzig Zentimeter langen blauen Telefonkabel. Und das kam so:

Thomas Glaue, damals PR-Berater für Hörgeräte, Erdnüsse und Rum, hatte von dem Hamburger Inselhändler Vlady die kleine Belize vorgelagerte Insel »Little Water Cay« gekauft. Ein palmenbestandenes Eiland, etwa zwanzig Seemeilen vor der Küste gelegen und ungefähr halb so groß wie die Außenalster. Ein Kauf, so richtig mit Urkunde und notarieller Eintragung, und verbunden mit einem Haufen Verantwortung für schätzungsweise 874 Palmen, 32 Vögel und zeitweise 2 belizianische Wanderfischer. Diese Verantwortung wurde dem Hamburger Kaufmann dann allein aber zu groß, sodass er seine Insel in 12 gleiche Teile katasterte und die einzelnen Flurstücke samt Urkunde und Besitznachweis an 12 Freunde und Freundinnen verschenkte. Einer dieser Glücklichen war ich.

Da ich Passdeutscher bin, mal eine Zeit lang öffentlich-rechtlich gearbeitet habe und also Recht und Ordnung als höchste Güter betrachte, habe ich sofort die umgehende Demokratisierung dieses wichtigen Inselstaates vorgeschlagen. Da eine verfassungsgemäße Wahl in unserem Übersee-Territorium nicht sogleich möglich war, mussten die notwendigen Ämter und Würden zunächst per Mehrheitsbeschluss den zwölf Liegenschaftlern zugeteilt werden. Thomas Glaue wurde einstimmig zum Staatspräsidenten ernannt, Dr. Imeyer, natürlich, zum Regierungschef. Zum Inselkanzler. Richtiger: zum Premierminister, weil Belize ja bis 1981 britische Kolonie war. Als gelernter Jurist übernahm er in Personalunion auch das Justizressort. Und vorsorglich auch das Amt des Henkers, weil wir ja noch nicht wussten, ob wir die Todesstrafe einführen sollten oder nicht.

Sabine Frehse, die damals sehr junge und attraktive Gewürzkauffrau aus Hamburg, wurde Familienministerin sowie Pfeffer- und Salzbeauftragte. »Salz ist kein Gewürz, Salz ist ein Mineral«, belehrte sie uns. Deshalb kam der auf Little Water Cay reichlich vorhandene Salzüberschuss ins Umweltressort. Übrigens ist diese Sabine später als »Germany's Peanut Princess« dem Jimmy Carter auf seiner Erdnussfarm in Alabama tatsächlich begegnet, hat ihn geküsst und ihm eine Hamburger Ehrennadel ans Revers geheftet. Das Foto davon befindet sich in der Prominentensammlung und im Buch unseres Staatspräsidenten Thomas Glaue.

Petra Imeyer übernahm mit Verve das Ministerium für wirtschaftliche Zusammenarbeit und in ungewohnter Kombination auch das Amt der Kulturstaatssekretärin. Sie war also auch für das Sammeln und Bewahren von Kulturgütern wie Muscheln, versteinerten Kokosnussschalen und Fischskeletten verantwortlich. Da ihr Mann auch Honorarkonsul von Bulgarien ist, hat sie unverzüglich eine enge Zusammenarbeit mit der Regierung in Sofia angestoßen. Bulgarien werde wohl als erstes Land des früheren Ostblocks einen Botschafter nach Little Water Cay entsenden, war dabei ihre Hoffnung.

Nicht nur, weil sie »Wurzel« heißt, wurde Helga Glaue mit dem Umweltministerium betraut. Vom Hamburger Dom nahm sie eine Windmühle mit, um erneuerbare Energien auszunutzen, mithilfe eines Eisbeutels wollte sie die Erderwärmung stoppen, und Nähzeug zum Stopfen des Ozonlochs hatte sie auch stets dabei. Ihr Lächeln strahlt zwar bis heute, aber die Endlagerung ihrer schwermetallenen Amalgam-Füllungen auf Little Water Cay muss noch durch ein Strahlenschutz-Gutachten geklärt werden.

Wirtschafts-, Finanz- und Gesundheitsminister in Personalunion wurde der Fabrikant Gerhard Hillig aus Grafenau bei Stuttgart. Er fühlte sich als Inselpolitiker von ganzem Herzen »den Menschen draußen im Lande« verpflichtet. (Dass »die Menschen draußen im Lande« vor allem Steuerzahler und damit ihre Ernährer sind, betonen die Politheuchler seltener.) Als Hersteller von Hörgeräten hatte Hillig es sich zur Aufgabe gemacht, das Hörvermögen der Eingeborenen, moderner gesagt: der »locals«, zu testen. Und ihnen bei Bedarf ein Hörgerät einzusetzen. Ob sie das wollten oder nicht. Mit dieser Kassenleistung ohne Kasse hoffte er, zum international anerkannten Wohltäter aufzusteigen. Ich weiß gar nicht, ob Hörgeräte wasserdicht sind. Oder gar tauchfest. Jedenfalls entpuppte sich unser Skipper als fast sprach- und gehörlos. Was ja eigentlich den Einsatz eines Hörgeräts gerechtfertigt hätte. Aber der Goldzahn knurrte den Wohltäter weg.

Unserem Finanzminister oblag auch die Einführung der offiziellen Inselwährung, der D-Mark. Der Demokratie-Mark. Amerikaner und Westeuropäer sind ja weltweit darauf bedacht, die Demokratie einzuführen. Oder das, was sie dafür halten. Wie und wo und warum – egal, Hauptsache »Demokratie in unserem Sinne«, wie westliche Außenminister immer so schön formulieren. Jeder Stammesfürst, jeder Häuptling, jeder afghanische Mongole – sie alle haben demokratisch zu werden. In unserem Sinne, wohlgemerkt. Früher wurde das Christentum in diese störrischen Hirne gehämmert. Heute wird unsere Demokratie hineinbezahlt. Mit Milliarden Dollar und ebenso vielen Patronen.

Zum Innenminister bestimmten wir Bernd Koophamel, einen smarten Chefredakteur aus München. Er war für die Propaganda, pardon, unser noch nicht bestehendes Presse- und Informationsamt, zuständig. Und übernahm auch die Aufgabe, eine Landesfahne zu entwerfen und nähen zu lassen. Eine schwarzrotgoldene Palme mit tauben Nüssen auf grünem Grund. Als Wappen entwarf er den Bundespleitegeier, umrahmt von dem historischen Bekenntnis: »Einigkeit und Recht und Geilheit«.

Zur Außenministerin wurde Inge Steinl benannt. In Süddeutschland auch bekannt als die bayrische Margret Thatcher. Ein autoritäres Energiebündel in Blond. Sie bekam sogleich die Aufgabe, für stilvolle Orden und Ehrenzeichen zu sorgen, die wir belizianischen Diplomaten überreichen wollten. Außerdem sollte sie für den Aufbau guter diplomatischer Beziehungen zu Belize und Guatemala zuständig sein. Wir hatten ja vor, in dem Grenzkrieg zwischen diesen beiden Nachbarstaaten zu vermitteln. Als Blauhelme hatten wir blaue Pudelmützen vorgesehen. Bewaffnet werden sollte unsere Schnelle Eingreiftruppe mit zwei Wasserpistolen und einer übrig gebliebenen Silvesterrakete.

Inge Steinl telegrafierte auch sogleich in sein göttliches Exil nach Indien und bat den Dalai Lama zu einem Staatsbesuch nach Little Water Cay. Sie war ganz scharf auf den weißen Schal. Auch zu Nelson Mandela und Benedetto den 16. nahm sie unverzüglich Kontakt auf. Man kann ja nie wissen … Wir wollten schließlich anerkanntes Mitglied der internationalen Staatengemeinschaft sein. Sie versicherte sich auch der Zustimmung des Bundes der Vertriebenen, des Zentralrats der Juden und des ADAC. Folgerichtig forderte unsere Außenministerin den Iran auf, von atomarer Rüstung abzusehen. Ansonsten sei die Republik Little Water Cay gezwungen, sich dem Handelsembargo der Vereinigten Staaten anzuschließen und also fortan kein Öl mehr vom Iran zu importieren. Wir drohten allen Schurken-, pardon Gurkenstaaten mit dem Abbruch von diplomatischen Beziehungen, die wir noch gar nicht aufgenommen hatten. Und sicherten Israel sein Existenzrecht zu. Wem denn sonst? Und setzten uns sofort für erneuerbare Energien ein. Und gegen Rassismus und Kinderarbeit und die Unterdrückung der Frauen in Ulan Bator. Oder war es Utar Pradesh?

Ich, als designierter Verteidigungsminister, war für den Aufbau einer schlagkräftigen Marine zuständig. Schließlich mussten wir bereit sein für den Anti-Piraten-Einsatz am Horn von Afrika. Ob wir unsere Flotte, das besagte äußerst langsame Schnell- und gelegentlich auch Unterseeboot »Rosita« dem Kommando der NATO unterstellen würden, darüber konnten wir uns nicht gleich einigen. Auf jeden Fall haben wir sofort unsere UNO-Mitgliedschaft in die Wege geleitet und auch einen Sitz im Weltsicherheitsrat beantragt. Unsere Haltung zu Kuba und zu Tschetschenien müssen wir noch formulieren, ebenso zur Terrorismusgefahr auf Little Water Cay.

Zu unserem ersten Empfang für das Diplomatische Corps in Hamburg ist leider zunächst niemand außer uns erschienen, was den großen Vorteil hatte, dass wir den für den Doyen und den Ersten Bürgermeister gekauften Champagner, es waren sechs Flaschen Pikkolo, selbst austrinken und dabei unsere eigene Nationalhymne singen konnten. Sie lautete: »Kleine weiße Möwe, flieg' nach Little Water Cay, musst gut navigieren, sonst fliegst du vorbei, grüße alle Palmen, grüße auch den Hai, wir bleiben unsrer fernen Heimat tausend Jahre treu.«

Dann haben wir noch Briefmarken gedruckt und wasserfeste Leucht-Aufkleber für Schwimmflossen, weil es dort weder an Land noch auf See Ampeln gibt, wir haben Religions- und Alkoholfreiheit in unser Grundgesetz geschrieben, auch einen Gleichstellungsbeauftragten für Männerfragen vorgesehen, als Währung wollten wir, wie gesagt, die D-Mark, die Demokratie-Mark, einführen, aber das Währungsproblem können wir wohl erst lösen, sobald unsere Sandbank ihre faulen Kredite wieder hereingeholt hat. Ist eigentlich gar kein Scherz, fällt mir dabei ein. Niemand hat so einfältig auf Sand gebaut wie unsere reale HSH Nordbank. So fiktiv, wie die gehandelt haben, kann gar kein Fiction-Schreiber schreiben.

Irgendwann fanden wir alle einen Termin für unsere gemeinsame Entdeckungsreise nach Belize. Schließlich wollte ja jeder von uns sein romantisches Areal in der Karibik persönlich in Besitz nehmen. Dies war eine extreme Reise, weil Belize so ein extremes Land ist. Extrem arm, extrem heiß, extrem fremd. Wir flogen und fuhren aus unterschiedlichen Richtungen nach Belize. Ich kam von Bord, vom Kreuzfahrtkai auf Grand Cayman, zunächst per Flieger nach Cancun/Mexiko und dann – entgegen allen Warnungen – mit einem alten VW Golf die mexikanische Kampfbienenpiste (»Attention! Killer-Bees!«) 650 ängstliche Kilometer Richtung Süden bis zum für Leihwagen gesperrten Grenzübergang nach Belize.

»There are serious tensions with Guatemala«, warnte mich der mexikanische Grenzsoldat auf Englisch, nicht auf Spanisch, und mit seiner Maschinenpistole im Anschlag, und ob ich wirklich da rein wolle, in dieses »fucking country«? Zum Schein musste ich den Leihwagen kaufen und als mein Eigentum über die Grenze bringen, das Betrugsmanöver kostete mich einen grünen 20-Dollar-Schein. Und dann ging es über holprige Schlamm- und Schotterpisten noch mal 300 Kilometer bis Belize City. Ein Glück, dass ich Ersatzkanister geladen hatte. Und mich bis heute auf meine Nerven verlassen kann.

Belize City gehört zu den zehn schrecklichsten Orten der Welt. Offene Kanalisation, Dreck, Gestank, Geschrei, Temperaturen um die 35 Grad und latente Epidemien aller Art. Das ganze Land ist so groß wie Hessen und hat weniger Einwohner als Lübeck. So um die 150 000. Draußen, vor den Städten, vor den Menschenansammlungen, bietet Belize eine tolle Landschaft, Mahagoni- und Mangrovenwälder, unendliche Korallenbänke, türkisfarbenes Wasser, Tauchparadiese, aber eben kaum Hotels oder andere akzeptable Unterkünfte. Ein Land für Reise-Masochisten, aber auch ein Land ohne touristische Massenmenschen – oder touristische Menschenmassen. Kaum asphaltierte Straßen, keine McDonalds oder Pizza Huts, zwei Tankstellen, selten elektrisch Licht, Milliarden städtische Mücken über Belmopan, der künstlichen Hauptstadt, und Belize City, der stinkenden »Metropole«.

Da die Abwässer direkt in die Karibik münden, muss man weit weg von den Siedlungen, wenn man tauchen, schnorcheln oder schwimmen will. Draußen auf dem Land findet man einige wenige Hotelanlagen, in denen man einigermaßen sicher übernachten kann. Aber rund um diese »Resorts« ist jeden Tag zweimal tösendes Mückenmanöver. Vermummte Dieselmänner befreien morgens und abends das Gelände von den stechwütigen Angreifern. Mit ihrer großen Nebelkanone in den Fäusten und der ratternden Zweitaktmaschine, die sie wie einen heißen Eisenrucksack auf dem Rücken tragen. Unter gewaltigem Lärm versprühen sie ihren Dieselnebel gegen die Moskito-Milliarden, und man fragt sich, was günstiger ist, an Malaria zu sterben oder im Nebel der Dieselkanonen zu ersticken. Vielleicht sind die Viecher mittlerweile auch längst diesel-resistent.

Irgendwo dort draußen fanden wir unser Basislager. Im Camp eines vor den Mau-Mau geflüchteten Kenia-Briten. Großes Hallo und erwartungsvolle Freude, als wir zwölf Inselbesitzer tatsächlich alle zueinander trafen. Am mückenfeindlichen Lagerfeuer fassten wir den Plan, uns zunächst mit Kultur vollzusaugen, bevor wir unsere Insel da draußen in Besitz nehmen würden. Kultur? Also auf nach Tikal, zu der weltberühmten Ausgrabungsstätte, der legendären Mayastadt! Aber die liegt auf dem Boden Guatemalas! 200 Kilometer jenseits von Stacheldraht und Panzersperren. Thomas Glaue startete sein erstes Survival-Manöver. Er charterte am nächsten Tag einen von der British Army hinterlassenen Armeelaster, wir saßen auf und rumpelten zur Grenze.

Ich saß rechts neben dem Fahrer, der Rascelle hieß und angeblich englisch und spanisch sprechen konnte. Diese Grenze ist ja nicht nur eine Landes-, sondern auch eine Sprachgrenze. Mir hatte es jedenfalls erst mal die Sprache verschlagen, als sich der Lauf der Maschinenpistole durchs offene Fenster zwischen meine Augen drückte. Ey, dachte ich, hoffentlich behält dieser junge Knabe in der abgewetzten Uniform die Nerven. »Passport«, schrie er heiser. Mit den Hinterrädern standen wir noch in Belize, mit den Vorderreifen schon in Guatemala. Für die Guatemalteken ist das alles i h r Land. Ein paar Jahrhunderte lang von den Kolonialisten des Empire geraubtes und besetztes Land der Maya, ihrer Vorfahren. Guatemala fühlt sich als einzig legaler Nachfolgestaat des einstigen Mayareiches und erkennt »koloniale Missgeburten« wie Belize nicht an. Auf den Landkarten Guatemalas ist Belize als Land gar nicht eingezeichnet. Entsprechend gereizt die Situation an der Grenze, die doch aus ihrer Sicht gar keine ist.

Dazu muss man wissen, dass unter den Hügeln Belizes riesige Tempelanlagen der Mayakultur vermutet werden, dass sich ein großer Teil ihres göttlichen Reiches bis nach Mexiko erstreckte, dass Belize deshalb, aber auch wegen seiner immensen Vorkommen an wertvollsten Tropenhölzern, den Guatemalteken ein Dorn im Auge ist. Dieser Streit kann derzeit wegen Mangel an geeigneten Armeen noch nicht ausgetragen werden. Aber er kommt, so sicher wie das Kalumet der Indios und das Amen in der Kirche. Ob die Schutzmacht Großbritannien dann herüberkommt mit ihren NATO-Panzern, um Belize zu helfen, das ist eine große Frage. Bei den Falklands war es anders. Da wollte Argentinien den Briten deren eigenes Gelände klauen. Da musste Frau Thatcher zuschlagen. Bei Belize bin ich mir da keineswegs so sicher. Das wird wohl eher ein nach-mayanisches Hauen und Stechen unter den Erben einer einstmals großartigen Kultur.

Doch zurück zum Grenzübergang. Der Zufall wollte es, dass ein gewaltiger Tropenguss den Überwachungseifer der Grenztruppe dämpfte. Wir mussten zwar aussteigen und den Befehl hören: »Back! Go back to where you came from!« Sie sagten das Wort »Belize« nicht. Aber dann kam Rascelles Erfahrung zum Tragen. Er klaubte unter seinem Sitz eine Flasche Whisky hervor. Die erstickte erst mal das Geschrei. Die zweite ließ dann die MPs sinken. Er beherrschte also doch die einheimische Sprache, ohne auch nur ein Wort zu sagen. Eine diplomatische Viertelstunde später gab Rascelle Gas, und wir rumpelten weiter, über Sturzbäche und Schlamm, über Löcher und Gräben, aber dieser alte Four-Wheel-Drive brachte uns nach vielen Stunden tatsächlich nach Tikal. Darüber will ich jetzt nicht schreiben, das gehört ins Merianheft oder in die GEO. Das war großartig und fantastisch, aber ist kein Geständnis an der Reling. Jedenfalls kamen wir auf ähnlich abenteuerliche Weise spät in der Nacht und in strömendem Regen und genauso entkräftet wie unser Laster, den wir mehrmals wieder aus dem Schlamm in die Spur zurückschieben mussten, in unserem Basislager Chaa Creek am Macal River an.

Dann ein Tag Pause mit Kanus auf dem Macal, mit Waranen im Gebüsch und Papageien in den Bäumen, mit winkenden Wäsche-

weibern beiderseits des Flusses, und am frühen Abend mit Däm-
mer-Whisky gegen Moskitos, denn nicht umsonst haben hier die
Kolonialbriten ihren Spruch geprägt: »Der Tag geht, Johnny Wal-
ker kommt.« Merkwürdigerweise mag die miese Mücke Anopheles,
die Verbreiterin der Malaria tropica, die abends bei Sonnenunter-
gang auf Saugtour geht, keinen Alkohol im Blute ihres Opfers.
Sobald sie Whisky oder Cognac oder Aquavit verspürt, macht sie
verärgert den Flattermann. Der Sundowner ist ihr schlimmster
Feind. Pur getrunken, nicht als Cocktail! Ich erinnere mich: Am
Kilifi River im Nordosten Kenias holte sich meine damalige
Großwild-Fotografin, mit der ich im Mara-Mara-Nationalpark
Löwen und Elefanten und Büffel gefilmt hatte, abends im Camp
diese böseste aller Malaria-Infektionen. Sie war Anti-Alkoholikerin.
Ich war jeden Abend halb besoffen und habe glücklich überlebt.

Dann ging es los. Die »Rosita« kam mit Verspätung zur verabredeten Anlegestelle. Und während wir einstiegen, fing der Goldzahn
an zu fummeln. Und zwar am defekten Drehgriff für das Gas des
japanischen 25-PS-Außenborders. Er fummelte und fummelte,
und nach über einer Stunde hatte er den Gasgriff mithilfe eines
blauen Telefonkabelstückes »repariert«. Der Griff ließ sich drehen,
das Gas reagierte hörbar.
   Ich besah mir skeptisch sein technisches Kunstwerk und fragte
Thomas, wie weit es denn sei bis Little Water Cay. »Ach, höchstens zwei Stunden. Das haut schon hin. Die wissen sich hier zu
helfen. Die haben eben Gottvertrauen.« »Gott?«, fragte ich. Und
hörte ihn da oben verlegen hüsteln. Die anderen waren technisch
noch größere Laien als ich und verfolgten lachend das Ablege-
manöver des Goldzahn-Kapitäns. Ich fragte ihn nach der Haltbar-
keit seiner Reparatur. Erst sagte er nichts. Dann auch noch nichts.
Dann brummte er: »Can do.« Ich fragte ihn, ob er denn noch ein
zweites Ersatzkabel mitgenommen habe. Erst sagte er nichts.
Dann auch noch nichts. Dann brummte er: »Dis one can do.«

Am Anfang, innerhalb des Riffs, war es wunderschön. Thomas Glaue tanzte fröhlich auf dem Bug, winkte und lachte und rief: »Auf nach Little Water Cay!« Wir hatten unsere Klamotten verstaut und trugen optimistisch Badehosen. Der Yamaha schnurrte, und wir fanden den Durchlass am Riff. Sofort wurde die »Rosita« viel beweglicher. Höhere Wellen, warme Gischt von Steuerbord, immer noch blendende Stimmung an Bord. Der Wind briste auf. Kam aber glücklicherweise nicht von vorn, sondern schräg von achtern. Die »Rosita« rollte, aber wir kamen gut voran. Auch bei einer Wassertemperatur von etwa 23 Grad lassen einen die ständigen Spritzer im Fahrtwind frösteln. Einer nach dem anderen kramte sein T-Shirt raus. Wir tranken ein paar an Land gemixte Cuba libre und Seven-up-Brandy, waren immer noch frohgelaunt und begannen, den Horizont, seemännischer: die Kimm, nach Inselumrissen abzusuchen. Aber keine dieser kleinen Inseln rechts und links unseres Kurses war Little Water Cay.

»Long way«, brummte der Goldzahn, wohl um sein Honorar zu heben. Er drosselte den schwarzlackierten Außenbordmotor und tankte aus einem Kanister nach. »Rosita« dümpelte erheblich, und ich wunderte mich über die Seefestigkeit unserer Truppe. Keiner kotzte, aber das Schweigen wurde lauter. Bernd hatte sich zoologisches Wissen angelesen und dozierte nun über den Haireichtum in diesen Gewässern. Vielerorts sei das Baden wegen der Haigefahr verboten. Das empfand ich als tröstlich. Wenn wir baden, ist das verboten, überlegte ich, aber wenn wir hier draußen baden gehen würden, was denn dann? Machen die Haie Unterschiede zwischen vorgewarnten Badegästen und naiven Schiffbrüchigen? Da zeigte der Goldzahn auf eine große Narbe an seinem linken Arm und brummte: »Shark.« Alle schauten auf die Narbe, und es war Ruhe im Boot. Gedanken kann man ja nicht hören. Die ersten Atheisten begannen zu konvertieren, vermutete ich.

Dann, nach gut zwei Stunden, kam Little Water Cay in Sicht. Es gelang dem Goldzahn, eine weiche Stelle zwischen den Korallen zu finden, wir turnten an Land, und Mensch, wir standen auf unserer eigenen Insel!! Alle schwärmten zur Erkundung aus. Palmen, so weit man sehen konnte. Sogar Süßwasserlöcher, vom Regen aufgefüllt. An aufgeschlagenen Kokosnüssen erkannten wir, dass jemand hier sein musste. Oder dagewesen war. Dann große Aufregung. Inge Steinl hatte zwei Menschen entdeckt. Einen Mann, eine Frau. Wanderfischer. Das sind Menschen, die mit ihrem kleinen Boot von Insel zu Insel paddeln. Die unterwegs fischen und sich ihren Fang dann auf irgendeiner der kleinen unbewohnten Inseln braten. So auch hier. Sie hatten sich ihr köstlich duftendes Fischgericht auf großen grünen Blättern angerichtet. Sie boten uns an zu essen. Wir nahmen ein paar Stücke, wollten ihnen aber nichts wegessen. Toll gewürzt. Total frisch. Wir Inselherren aus dem Jenseits duldeten großherzig die Fischer auf unserem Eigentum. Wir wollten den beiden die Besitzverhältnisse erklären. Thomas zeigte ihnen die Urkunde. Aber die beiden verstanden nicht mal Bahnhof. Die hielten uns einfach nur für bekloppt. Mit dem Hamburger Abzeichen konnten sie nichts anfangen. Mit allen anderen Mitbringseln auch nichts. Sie wollten nicht mal einen Kugelschreiber. Was wollten sie dann? »Ihre Ruhe«, meinte Gerd-Winand und hatte recht.

Wie sie auf ihren Wanderinseln Feuer machen, erfuhren wir nicht. Wie ihr Fisch heißt, den sie da essen, auch nicht. Aber ihre Warnung, wegen des aufkommenden Sturmes möglichst bald wieder loszufahren, die verstanden wir. Schnell hissten wir unsere Fahne auf einem kleinen freien Platz unter den Palmen. Vergruben hastig eine Kopie unserer Urkunde unter Korallengeröll. Bepinkelten etwa zehn Palmen mit Zivilisations-Urin. Und dann wich unser Eroberungsdrang der Erkenntnis, möglichst bald wieder den Heimweg anzutreten. Heim? Jedenfalls Richtung Westen. Dem heftiger werdenden Wind direkt entgegen. Ich kann nicht sagen, dass die See-Indianer uns besonders fröhlich nachgewunken haben. Ihnen war Hamburg scheißegal. Germany? Alemania? Was soll das denn sein? Unser Besitzanspruch als neue Eigentümer dieser Insel scherte sie kein bisschen. Etwas mehr Respekt hätten wir schon erwartet! Wenn sie schon keine Miete zahlen würden. Sie standen nur da, stumm und kauend. Und glaubten wohl nicht an unsere heile Rückkehr an die Küste. Jedenfalls sah ich so etwas wie Mitleid in ihren schwarzen Augen. Sie sahen in uns offenbar Todgeweihte.

Wir tuckerten los. Aber das ging nicht mehr mit full speed, wie der Seemann sagt. Nicht mehr so einfach, wie auf der Herfahrt. Bei jeder hohen Welle, die uns entgegenschlug, musste der Goldzahn die Geschwindigkeit drosseln. Und dann wieder Gas geben, um Kurs zu halten. Um nicht quer in die Welle zu kommen. Ständig musste er an seinem Gasgriff drehen. Mit größten Bedenken sah ich auf das dünne Kupferkabel, das ständig in Bewegung war. Würde es reißen, wären wir verloren. Quer in diesen Wellen? Das hieße vollschlagen oder kentern. Aber der Goldzahn schaffte es immer wieder, den Vordersteven direkt in die Welle zu steuern. Allerdings wurden wir auf diese Weise immer wieder heftig hochgehoben, um dann wieder mit lautem Platsch ins nächste Wellental zu krachen. Gischt kam über. Es wurde richtig ungemütlich. Um Petra machte ich mir die größten Sorgen. Denn sie ist so leicht und klein, dass ihre Füße nur knapp den Boden des Bootes berührten. Sie wurde jedes Mal hochgehoben von der Welle und drohte manchmal das Gleichgewicht zu verlieren.

Ich tat, was ich am Falkensteiner Ufer in der Seemannsschule gelernt hatte: Kinder in Rettungsbooten sind bei schwerer See zu sichern. Ich schlang also einen Tampen so um Petras Oberschenkel und die Sitzbank, dass sie vom heftigen Seegang nicht mehr hochgeschleudert und über Bord geworfen werden konnte. Ein Sitzgurt quasi wie im Flugzeug. Ich machte den Knoten so, dass sie ihn bei Gefahr, beim Kentern etwa, mit einem Ruck am Tampen-Ende selbst hätte lösen können. Jetzt war mir wohler. Die anderen konnten sich selber halten.

Der Ohrenschützer Hillig hatte sich eine Taucherbrille aufgezogen, die immer beschlug, sodass er nichts mehr sehen konnte, was ihn anscheinend beruhigte. Honorarkonsul Gerd hatte mit den Salztropfen auf seiner Brille zu kämpfen. Für Sabines nasses T-Shirt und ihre feuchten Glocken gab es keinerlei Aufmerksamkeit mehr wie noch vorhin bei der Herfahrt. Thomas raunte mir zu: »Danke, dass du Petra festgebunden hast.« Und alle beobachteten das kleine Kabelstück am Drehgriff des Goldzahns. Würde es der Dauerbelastung standhalten? Und wenn nicht, was dann? Wir hatten kein Telefon, es gab hier weit und breit keine Seenot-Meldestelle, keine Küstenwache, nichts. Wir hatten niemanden über unsere Tour informiert. Ich konnte sehen, wie unser Staatspräsident mit den Backenzähnen mahlte. Unsere schönen Ämter waren uns jetzt scheißegal. Wir sahen auf das dünne Kabel und konnten nicht mal mehr lächeln, wir Minister und Großgrundbesitzer. Dann wieder so eine Dreimeterwelle, weg das Gas, und krach rein ins Tal. Und jedes Mal Gischt wie aus dem C-Rohr der Freiwilligen Feuerwehr Grafenau oder Warnsdorf.

Es dauerte eine nasse Ewigkeit, bis wir nach Stunden den Küstenstrich entdeckten. Durchgefroren bei 30 Grad Außentemperatur! Zum Aufatmen noch zu früh, zum Hoffen aber nicht zu spät. Bernd und Inge und alle schöpften mit Dosen und Händen und Plastikbeuteln das überkommende Wasser aus der hochnervös gewordenen »Rosita«. Das Kabel hielt durch. Wir auch. Der stumme Goldzahn auch. Yamaha auch, wenn auch manchmal sehr ungnädig aufheulend. Nämlich immer dann, wenn die Schraube auftauchte und an der Luft ihren Wasserwiderstand kurz verlor.

Dann, in der Abenddämmerung über einer wüst wogenden See, liefen wir ein. Stumm geworden und irgendwie dankbar. Kein Zeuge, niemand, der uns im Seenotfall hätte retten können. Alle krabbelten frierend an Land. Zum ersten Mal grinste der Goldzahn und sagte: »Can do.« Und Thomas Glaues Geständnis an dieser sehr niedrigen Reling war kurz. Er sah mich an, umarmte mich und sagte nur: »Mein lieber Mann.«

Äquatortaufe am Sadonnerstag

Donnerstag ist Seemannssonntag. Deshalb bemüht man sich, die Äquatortaufe nach Möglichkeit an einem Seemannssonntag stattfinden zu lassen. Das gelingt nicht immer, aber manchmal lässt es sich doch so drehen. Bei uns gelang es, und manche Täuflinge bangten schon ahnungsvoll dem Sadonnerstag entgegen. Besonders brutal wird die Äquatortaufe dort vollzogen, wo sich die Mannschaft von Außenstehenden unbeobachtet fühlt, auf Tankern, Frachtern oder auch Segelschulschiffen. Ein besonderes Vergnügen macht sich Neptuns Gefolge auch bei der Marine, weil es auch dort kaum fremde Zeugen für Brutalitäten gibt. Betroffene reden ungern darüber, weil man nicht als Weichei, Jammerlappen oder gar Verräter gelten will.

Auf Kreuzfahrtschiffen wird die Taufe deshalb auch gerne zweigeteilt: ein fröhlich-schauriges Video-Event auf dem Pooldeck für die zahlenden Passagiere, ein viel härteres Ereignis weiter unten auf dem Mannschaftsdeck, meistens eine Stunde später, ohne Kameras und nur unter den Augen der Besatzung. Dann haben Neptun und seine Helfershelfer meist ihre letzten Hemmungen weggesoffen, und die Täuflinge sind ihnen schutzlos ausgeliefert.

Deshalb spürten wir schon Tage vorher eine wachsende Angst bei denen, die ihrer Äquatortaufe entgegenbangten. Es sind ja meist die Jüngsten, die den Äquator erstmals von Norden nach Süden überqueren. Unsere Kabinenstewardess Irina jedenfalls zitterte schon beim Bettenmachen. Sie war so Anfang zwanzig und hatte richtig Schiss. »Wissen Sie, was die uns geraten haben?«, fragte sie leise, als sie das Waschbecken meiner Kabine wischte und ich mal schnell meine Creme aus dem Bad holen wollte, »wir sollen gar nicht erst unsere Badeanzüge oder Bikinis anziehen, die würden sowieso zerrissen.« »Ja, meine Badehose damals, bei meiner Taufe auf der ›Santa Elena‹, die hat die Taufe auch nicht überstanden«, sagte ich und konnte sie damit nicht beruhigen. »Ich habe Angst vor denen«, sagte Irina, »was soll so eine Taufe?«

»Die Täuflinge müssen, so will es der alte Seemannsbrauch, am ganzen Körper vom sogenannten Schmutz der Nordhalbkugel gereinigt werden und sich dem Meeresgott Neptun unterwerfen«, erklärte ich ihr den Sinn oder Unsinn der brutalen Zeremonie. »Aber ich habe beobachtet, dass dieser Brauch oft nur noch Vorwand für ausgeklügelte Sadistereien ist. Da kommen Leute zum Zuge, die sonst im Leben nichts zu sagen haben. Bei dieser Zeremonie können sie sich mal so richtig austoben. An Opfern, die ihnen ausgeliefert sind. Wie das gelegentlich ja auch beim Militär passiert. Auch dort sucht man ja manchmal Anlässe, andere und Schwächere zu schikanieren und zu quälen.« Irina wischte die Armaturen der Dusche ab und zitterte noch mehr.

Das Äquatortaufen ist übrigens internationale Gepflogenheit. Amis und Briten nennen ihre Art der Folklorefolter »Crossing the line ceremony«. Aufsehen erregt hat das Geständnis der jungen amerikanischen Pilotin Marilyn Isaacs, die sich bei der Äquatortaufe auf dem Flugzeugträger USS »Seahawk« von und vor mehreren Marines sexuell missbraucht und gedemütigt fühlte und die Vorfälle vor das Militärgericht brachte. Daraus hat Hollywood den Film »Crossing the Line« mit Nancy Everhard und Sibel Ergener in den Hauptrollen gemacht. Die US-Marine hatte den Flugzeugträger für die Dreharbeiten freigegeben und die Übergriffe verurteilt. Immerhin.

Bei uns an Bord kündigte sich das Spektakel schon am Vorabend an. Nach der Panamakanal-Passage liefen wir südlich die ecuadorianische Küste entlang. An Backbord querab die Stadt Esmeraldas, an Steuerbord die Galapagosinseln. Über Bordlautsprecher gab die Hostess (als First Lady ist sie ja die rechte Hand des Kapitäns) den Passagieren bekannt, dass wir »morgen früh zwischen 6.30 und 7.00 Uhr den Äquator überqueren«.

Sie rief die Passagiere zum Mitmachen auf und sagte: »Wer von Ihnen morgen früh als Erster den Äquator entdeckt, bekommt vom Kapitän eine Flasche Champagner! Vergessen Sie nicht, Ihre Kameras mit an Deck zu nehmen! Und ein wichtiger Hinweis: Um 11.00 Uhr findet auf dem Pooldeck die Äquatortaufe statt!« Ob Sie es glauben oder nicht: Am nächsten Morgen gegen sechs strömten tatsächlich etliche Passagiere mit ihren Kameras an Deck, um als Erste den Äquator zu entdecken. Nie hätte ich das für möglich gehalten.

Später, nach dem Frühstück, ging es zunächst nur um die Passagiere. Mit Trompetenklang und Dschingderassabum zog Meeresgott Neptun über das Pooldeck, hin zu seinem Thron aus aufeinandergestapelten Paletten. Er trug einen langen angeklebten Bart, einen langen Silbermantel und hielt den Dreizack in der Hand. Wir erkannten ihn als »Blau«, also als unseren Schiffszimmermann, der normalerweise bei »klar vorn und achtern« am Ankerspill die Vorleinen und die Spring dirigiert. An seiner Seite seine Gemahlin Thetis in türkisfarbenem Bikini unter einem ebenfalls türkisen Tüllumhang. Im Bordbetrieb ist Thetis die rigide Oberstewardess, vom Kabinenpersonal »Disciplina« genannt. Sie brauchte sich für ihre Äquatorrolle also kaum umzustellen.

Neptuns Sohn Triton war der muskelbepackte ukrainische Bootsmann, den wir vom Tendern kannten. Als »Pastor« fungierte der moslemische Matrose Ali Ahmed aus Kuala Lumpur, als »Astrologe« erkannten wir den Anführer der Malkolonne, die tagein tagaus mit ihren Farbeimern Rostflecken am Schiff und an den Aufbauten beseitigt. Zum Taufpersonal gehörten noch die Meeresgottheiten Nereus, Phorkys und Keto. Allesamt furchterregend verkleidet und verschmiert. Neptuns Helfer waren die kräftigsten der Matrosen. Der Barkeeper Joe war »Barbier«, der die Täuflinge zu rasieren hatte.

Mit den Passagieren gingen Neptuns Leute noch relativ glimpflich um. Die wurden zwar auch gegriffen, mit undefinierbarem

Brei eingeschmiert, dann untergetaucht, manche immer wieder, mussten Bekenntnisse der Unterwerfung sprechen, wurden vom Barbier mit einem großen Holzmesser symbolisch rasiert, aber wer nicht wollte, wurde auch nicht zur Taufe gezwungen. Die Umstehenden filmten und knipsten und hatten ihren Spaß. Bei einer Dame allerdings war dann dieser Spaß vorbei. Zwei kräftige Hilfsgötter hatten sie gepackt und immer wieder untergetaucht. Sie japste und schrie, aber Neptun hielt das irrtümlich für Begeisterung. Ihr Mann mit der Videokamera schrie von oben »Stopp!«. Aber keiner hörte ihn im Trubel. Im Gegenteil. Sie patschten der Frau den Brei in den Mund, verschmierten wild ihre Haare, sie schrie nach ihrem Mann, der bekam einen Herzanfall, ließ die Kamera fallen und wurde schließlich bewusstlos ins Hospital getragen.

Der Trubel der Taufe ging weiter, Frau Thetis kreischte, Body war sportlich und hielt das zehnfache Untertauchen aus, auch wenn Neptuns Helfer ihre Füße in die Höhe hielten. Sie prustete, das Wasser schäumte, Neptun verlangte die nächste Runde Doppelkorn, der Pastor lallte unverständliche Gebete, der Astrologe beschwor Himmel und Hölle, sie hatten Body den Senfbrei, der aussah wie Scheiße, in die grüne Bikinihose gedrückt, aber die grapschenden Hände wehrte sie ab und sagte anschließend: »Mein lieber Mann.« Nach einer halben Stunde ging der laute Spuk zu Ende. Tusch von der Bordkapelle, noch 'ne Runde Doppelkorn, Verteilung der Tauf-Urkunden, dann liefen die Täuflinge unter die Dusche.

Sehr viel heftiger dann die Mannschaftstaufe. Ganz unten, ganz achtern, auf dem grün gestrichenen Festmacherdeck, dort, wo die Winschen und die Poller stehen, wo die Manilas aufgeschossen liegen, wo Passagiere keinen Zugang haben. »Crew only« steht an den Stahltüren dorthin. Als Crewmember war ich zugelassen, aber meine Kamera, die nahmen sie mir vorher ab.

Dort gab es also kein Pardon, jede und jeder Ungetaufte wurde vor Neptuns Thron geschleppt. Etwa zehn Jungs und mindestens

40 Mädchen aus verschiedenen Ländern und verschiedenen Bordbereichen. Die meisten waren Kabinenstewardessen. »Wir müssen euch reinigen vom Schmutze des Nordens!«, schrie Neptun. Die männlichen Täuflinge mussten der Göttin Thetis Ekelbrei von den Füßen lecken, die Mädchen dem Neptun nicht nur die Füße küssen. Die Männer bekamen den Schaum ins Gesicht geklatscht und wurden nicht nur symbolisch rasiert. Es gab Ratscher und Kratzer und blutige Schrammen.

»Barbier, seife sie mittschiffs ein!«, rief Neptun, wenn wieder eins der Mädchen an der Reihe war, wenn es protestierte und sich wehrte, als es vor Neptuns Thron geschleppt wurde. Dann packten sie sie, die halbbesoffenen Göttergesellen, der Barbier schwang den riesigen Pinsel und schäumte sie ein, und die Mädchen weinten vergeblich vor Scham, wenn Neptun befahl, sie vor ihm zu öffnen. Dann hielten Nereus und Keto sie fest, damit der Barbier sie rasieren konnte. Diesmal in echt. »Hör auf zu zappeln, unzüchtig Behaarte, sonst kann er dich schneiden!«, rief Neptun scheinbar besorgt, aber hämisch, und nahm wieder einen kräftigen Schluck aus der Pulle.

Neptuns Gefolge war so richtig in Fahrt. Scharfen Brei aus Chilis und Senf und faulen Kartoffeln stopften sie ihren Opfern in Mund und Nase und zwischen die Beine, die Täuflinge schrien, die Halbgötter johlten, dann kam das Untertauchen in das tiefe »Taufbecken«, das sie aus Brettern und Persenning eigens gezimmert hatten, kopfüber tauchten sie ihre Opfer zur angeblichen Reinigung unter Wasser, die Beine hielten sie hoch in die Luft, bis einige der Täuflinge fast ertrunken wären. Diese fragwürdige Folter nennt der CIA übrigens »water boarding« und steht deshalb im politischen Zwielicht. Hier dauerte die brutale Zeremonie fast zwei Stunden, bis sie alle getauft waren, die Täuflinge da unten auf dem Festmacherdeck.

Es gab schon Versuche, derartige Exzesse auf See einzudämmen. Aber die nautischen und technischen Schiffsoffiziere und

Kapitäne haben mit ihren ausländischen Besatzungen nur noch im reinen Schiffsbetrieb und in puncto Sicherheit zu tun. Diese Mannschaften werden nämlich als kompletter ausländischer Personalblock angeheuert. Die bareboat-gecharterten Schiffe werden von Agenturen »bemannt«. Bemannt heißt das auch, wenn es sich überwiegend um Frauen handelt. Und diese Blockbesatzungen, angeheuert meist in osteuropäischen und asiatischen Staaten, haben auch ihr eigenes Disziplinarrecht und ihre eigenen Regeln. Oft sogar ihren eigenen Koch, der ihre Reisgerichte besser kennt als der Schweizer Maître de Cuisine.

Wenn man ihn fragt, den Kapitän solch eines Schiffes, dann zuckt er die Schultern und wendet sich ab. »Das ist deren Problem«, heißt es, wenn es um soziale Belange der Mannschaft geht. Auch ihre Heuer bekommen diese Seemänner und Seefrauen nicht von der Reederei, sondern von ihrer Agentur.

Übrigens: Der Mann, der die Äquatortaufe seiner Frau gefilmt und der sich dann bei ihrer Misshandlung so aufgeregt hatte, der mehrfach vergeblich »Stopp!« gerufen hatte, der dann den Herzanfall bekam und ins Bordhospital getragen wurde, der ist noch am gleichen Abend gestorben. Niemand sagte ein Wort, auch der Bordpastor verlor keins in der Predigt, er kam in den Zinksarg, dann in den Kühlraum, und dann, im nächsten Hafen, brachten sie ihn nachts diskret an Land.

Heinrich der Seefahrer

Lateinamerika, das war früher eins meiner Lieblingsfahrtgebiete. Kapitän Jens Weber, mit dem ich in Hamburg an der Reling der »Cap San Diego« klönte, kennt die Häfen auch aus eigener Erfahrung. Er ist Westküste Südamerika gefahren, ich Ostküste. Er kennt Valparaiso, Callao und Guayaquil, ich Recife, Rio, Santos, Montevideo, Buenos Aires. Er ist bei Hapag-Lloyd gefahren, ich bei der Hamburg-Süd. Er unterm gelben, ich unterm roten Schornstein. »Hast du noch was von damals?«, fragte er. – »Ja klar, Mann. In Buenos Aires, da habe ich eine Lederjacke aus so dickem Büffelleder gekauft, dass sie kugelsicher ist. Oder sich zumindest so anfühlt. Heute trägt sie Peer, wenn er am Millerntor zu St. Pauli geht.«

Dann kamen die Erinnerungen. Er redete von Hans Georg Asmus, dem Diakon im Deutschen Seemannsheim in Valparaiso, ich über die Tour von Buenos Aires nach Tigre, um die Sängerin Linda Morales zu besuchen, deren früherer Lover Stefan Hallberg einst das Lied gesungen hat: »Wer wird Deutscher Meister? H-H-HSV!« Oder von B. A. mit dem kleinen Flieger zum Länderdreieck Argentinien-Brasilien-Paraguay, dort die gewaltigen Iguazu-Wasserfälle erleben. »Oder willst du ein paar Erinnerungen an den Karneval in Rio hören, Jens?«

»Vertell«, sagte Kaptän Weber. »Also, wir hatten mit der ›Cap Vilano‹ festgemacht und stürzten uns dann zu Fuß ins nächtliche Getümmel. Karnevalssonntag, die ganze Stadt war am Brodeln. Der – heute würde man sagen – der Hype damals waren diese Pfft-pfft-Pumpen. Solche Dinger, wie man sie als Zerstäuber von Insektenvernichtungsmitteln kennt. Querdose mit Pumpenschaft und Griff. In diese Behälter füllten die Brasileros damals so eine rasch wirkende Äthermischung. Diese silbernen Billigpumpen wurden am Straßenrand verkauft wie Luftballons. 100 Cruzeiros, also so viel wie für eine Portion Feshuada. Schwarze Bohnen mit Speck.

Dann – auf der Promenade oder am Strand der Copacabana oder in Ipanema, wo all die Samba-Prinzessinnen tanzten und lachten, leicht bekleidet und lebenslustig, da pusteten die übermütigen Knaben den Muchachas das Zeug unter die Nase, und im Nu fielen die ihnen leblos in die Arme oder direkt in den nächtlichen Sand. Was da abging, war eine vieltausendfache Äther-Orgie, in vielen Fällen lautlose Vergewaltigung ohne Gegenwehr. Voodoo-Fackeln steckten im Sand und flackerten die Copa in schemenhafte Beleuchtung. Vorn die Brandung, hinten die Rasseln und Trommeln der Sambaseligen, dazwischen Nekrophilie auf Zeit, meist nur wenige Minuten lang, aber sehr oft mit Neunmonats-Folgen. Die Mädchen haben weitergetanzt, sobald sie sich kurz geschüttelt hatten und wieder klar waren unter ihren schwarzen Glitzerlocken. Später hat der Stadtrat von Rio de Janeiro diese Duftpumpen und diesen fragwürdigen Massen-›Spaß‹ verboten.«

Als wir so über Brasilien redeten und dabei von der Reling aus den Hafengeburtstag verfolgten, das Schlepper-Ballett, die Schweizer Flugstaffel, da kam Carlos dazu, Hamburgs In-Portugiese drüben aus dem Portugiesenviertel. In der Ditmar-Koel-Straße betreibt seine Familie seit 25 Jahren das PORTO. Eusebio und Figo sollen es als bestes portugiesisches Restaurant außerhalb Portugals bezeichnet haben. Carlos hatte meine paar angeberischen portugiesischen Ausdrücke gehört und belehrte mich sehr charmant über meine Aussprachefehler. »Es heißt nicht Sao Paulo, ao wird immer nasal wie das französische grand ausgesprochen!« »Obrigado, Senor Vasconcelos«, bedankte ich mich.

Der Zufall wollte es, dass ich kurz zuvor mit dem Schiff zu Besuch in Porto gewesen war, in dieser zauberhaften Portwein-Metropole am Douro. Mit Fabia bin ich in der schaukelnden gelben Straßenbahn durch die Altstadt gerumpelt, am Fluss mit dem Blick auf die gewaltige Douro-Brücke haben wir unseren Tawny geschlürft, und nun tauschte ich hier mit Carlos meine Beobachtungen aus. »Weißt du, dass diese Brücke von dem gleichen Monsieur Eiffel gebaut wurde wie der Eiffelturm in Paris?« Dies und vieles mehr wusste Carlos, der Mann aus Porto. Und übrigens, sein FC Porto werde im nächsten Jahr die Champions League gewinnen. Und wenn wir nachher mitkommen würden ins PORTO zweihundert Meter weiter landeinwärts, dann sei er bereit zu einem eigenartigen Geständnis an der Reling. Kapitän Weber und ich, wir wurden ziemlich neugierig.

»Wir sind hier auf dem Schiff. Die Schifffahrt spielt in meiner Heimat die wichtigste Rolle überhaupt. Die größten Entdecker der Weltgeschichte waren Portugiesen. Afrika wurde zu Beginn des Mittelalters von Portugal aus entdeckt. Und all die Capitanos, die die Küsten Marokkos, Tunesiens, Algeriens und des heutigen Senegal entdeckten und vermaßen, all diese besten Navigatoren der damaligen Zeit wurden von ihm ausgebildet: von unserem Dom Henrique o Navegador. Zu deutsch: von Heinrich, dem Seefahrer. Er wurde 1394, also 100 Jahre, bevor Columbus Westindien und Amerika entdeckte, in Porto geboren. Und zwar als vierter Sohn unseres Königs Johannes I.; ein Prinz als Begründer der modernen Navigation!«

Kapitän Weber und ich, wir waren mitgerissen von der Emphase dieses portgiesischen Meisterkochs auf deutschen Planken. Die Geräusche des Hafengeburtstages traten in den Hintergrund. Unsere Neugier war geweckt. »Weiter, Carlos«, ermunterte ihn der Cap-San-Diego-Kapitän. – »In Sagres, an unserer Südküste, baute Heinrich die damals modernste Sternwarte und die erste Seefahrtsschule der Welt!«

»Ja, hab' ich gesehen«, freute ich mich, »unglaublich, was für Lichtstärken die damals mit ihren sorgsam geschliffenen Kristallspiegeln meilenweit hinaus auf See schicken konnten! Ohne Elektrizität und doch über 5000 Meter deutlich sichtbar!« Ich bin da unten in Sagres mit Horst Grubert gewesen, der Hamburger

Hafenkoryphäe, mit Uschi von Gadow, Dagmar Gehm, mit Jens Meyer und etlichen anderen Fans der internationalen Seegeschichte.

Ich erinnerte mich also an das steil aufragende Felskap, an den historischen Leuchtturm, an Heinrichs Riesenkompass, an die Fischer, die dort, hoch über der tosenden See auf schmalen Felsvorsprüngen stehend, halsbrecherisch ihre Angeln halten. Und ich erinnerte mich, weil ich damals der erschrockenen Reisegruppe den Bus geklaut habe. Als sie Sardinen aßen, hab' ich gesehen, dass der Schlüssel steckte, und hab' das Riesending einen Kilometer weiter hinter Büschen in einen Feldweg gelenkt. Der Busfahrer hätte fast einen Herzkasper bekommen, als er nach dem Essen auf die Straße trat und sein Bus verschwunden war. Später hab' ich mich entschuldigt …

»Heinrich der Seefahrer hat dort in Sagres eine ganze Generation von Weltentdeckern ausgebildet. Ohne seine Erkenntnisse hätten es weder Columbus nach Magellan noch Vasco da Gama oder Amerigo Vespucci geschafft, unseren Erdball zu umsegeln und all die damals fremden Küsten zu entdecken«, erklärte uns Carlos, »Heinrich der Seefahrer, entwickelte den Sextanten, er wusste um die Kugelform der Erde, auch wenn seine Kirchenfürsten immer noch von der Scheibe faselten, er legte die Grundsteine für die moderne Nautik!«

»Und was willst du uns nun hier gestehen?«, fragte neugierig Kapitän Jens Weber. »Das erzähle ich euch drüben im PORTO bei meinen Gambas na Púcara«, grinste Carlos. Wir schlenderten durch die Menschenmengen hinüber ins Portugiesenviertel, während Christoph Schumann aus den Lautsprechern an der Meile den nächsten Formationsflug der Swiss Patrol ankündigte. Ein paar Leute hatten sich schon über den Fluglärm beschwert. Die Wirtschaftsbehörde freute sich, weil es ihr gelungen war, die weltberühmte Fliegerstaffel nach Hamburg zu holen. Die Umweltbehörde moserte. Bei solchen Vorführungen gebe es ein Restrisiko für die Bevölkerung. »Das ganze Leben ist ein Restrisiko«, meinte Carlos.

Seine Gambas waren vorzüglich. Und der trockene Plenalto Reserva auch. Später wechselten wir zum roten 2000er Herdade de Perdigao und fühlten uns schon portuwohl, da servierte Carlos endlich den Portwein, den Ferrera Tawny. PORTO ohne Port wäre ja auch wie Labs ohne Kaus. Das geht nicht. »Dein Geständnis?«, beharrte unser Kapitän. »Also: Wissenschaftliche Untersuchungen und gründlichste Recherchen haben ergeben, Senhores, dass Heinrich der Seefahrer niemals zur See gefahren ist! Er ist niemals selbst mitgefahren, auch nicht den kurzen Törn hinüber von Sagres an die afrikanische Küste. Heinrich der Seefahrer ist immer an Land geblieben. Sein ganzes 66-jähriges Leben lang.«

Carlos hatte unseren Glauben zerstört. Eine schöne Legende kaputt gemacht. Wir fühlten uns leer und wurden voll. Wir schüttelten die Köpfe und füllten unsere neuen Erkenntnisse mit Portwein auf. Als Manuela, Carlos' schönste Seite, die dritte Flasche Tawny brachte, war uns Heinrich, die Landratte, so egal wie das krachende Hafengeburtstagsfeuerwerk.

Oktoberfest vor der Aidsküste

Gedankensprung vors südliche Afrika. »Das da, da drüben an Steuerbord, das sind die Lichter von Fort Dauphin«, sagte, mitten in der Nacht ganz vorn an der Reling, mein Nachbar. Fast unsichtbar stand er in tiefer Dunkelheit neben mir. Nur aus dem Schallwinkel seiner Worte konnte ich auf gleiche Augenhöhe schließen. Auch er hatte seine Ellenbogen auf das Mahagoniholz gestützt. Auch seine Pupillen mussten weit geöffnet sein, um über den Bug hinaus in die weite schwarze Ferne zu sehen. Wolkenverhangen und dunkel auch der Himmel. Nur manchmal riss der Vorhang da oben für ein paar Minuten auf, und das Firmament funkelte herunter.

Auf dem Meer das kurze Weiß der Wellenkämme, an Steuerbord die fernen Blinkzeichen des Leuchtturms. Die Südküste von Madagaskar. Warmer Fahrtwind im Gesicht und gelegentlich eine Bemerkung dieses vertrauten Fremden, dieses fremden Vertrauten, der genauso wie ich dastand und über das Leben dachte. Kein Blickkontakt, kein Körperkontakt, nur ab und zu gedämpfte Worte. Lange Pausen für Gedanken. Seine Stimme erkannte ich wieder. Sein Leben kannte ich nicht.

Ich stand an der Reling neben ihm und dachte zurück an das feuchtfröhliche Oktoberfest vor zwei Tagen. Da hatte ich ihn kennengelernt. Unten auf dem Achterdeck. Da hatten wir uns verabredet für heute Nacht. Was ich von ihm wusste? Pharma-Grossist, hatte er mir neulich da unten im weiß-blauen Trubel erzählt. Seine Herkunft vermutete ich zunächst nur, weil ich so einen Phoné-Tick habe und Menschen nach ihrer Aussprache geografisch zuzuordnen versuche. Vielleicht also e Dammschtäddä? Vielleicht auch e Offebäschä? Oder e Frankfoddä?

Jedenfalls einer aus Südhessen, das verriet mir seine Mundart.

Denn er redete wie Papa Hesselbach, Gott hab' ihn selig, und bevor ich mit diesem zerrissenen Charakter hier oben weiterrede, erst mal eine kurze Rückblende auf das Bord-Oktoberfest im Januar.

Weißwurst, Sauerkraut und Edelweißmusik im südafrikanischen Sommer. Auf fast jeder Reise wird an Bord irgendwo irgendwann Oktoberfest gefeiert, Jahreszeit und Biertemperatur spielen keine Rolle, Hauptsache schrummdada und Laugenbrezel. Dafür bringen manche Passageusen sogar eigens ihr Dirndl mit auf die Reise. Also, dieser Mann, der Hans, der jetzt hier vorn so sehr nachdenklich neben mir an der Reling stand, der war vorgestern an diesem blasmusikalischen Morgen da achtern ganz anders drauf. Da war er – kultureller Verzweiflung nah – schon morgens um elf auf See so aufgekratzt, als sei er gerade nackt durch einen oberbayrischen Weißdornbusch gekrochen.

In dieser Stimmung hatten wir uns vorgestern kennengelernt. Im Hintergrund überlebte der Holzmichel gerade zum dritten Mal, die Kreuzfahrer schunkelten in Kufstein im schönen Tirol, heute blau und morgen blau und übermorgen wieder, und warum ist es am Rhein so schön, und der Schneeschneewalzer und Viva Colonia, und dann wieder im Wald die Räuber und die Karawane zog weiter, und der Stern, der deinen Namen trägt, und Wolle in seiner Dauerhölle, Hölle, Hölle, und die Hände zum Himmel, und dann holzmichelte es wieder, das frohsinnige Oktober-Trio, und Kiona, dieser muntere Bordschrittmacher, trieb ihr fahrendes Volk zum Klatschen, bis es klatschnass war.

Kiona ist Sport- und Spielanimateuse an Bord, ein Motivationsmotor, eine wahre Ausgeburt an Fröhlichkeit. Früher ist sie melancholisch durchs Moor geradelt, dann hat sie verzagte Senioren im Pflegeheim wieder fit gemacht, hat verstopft gewesene Herzkranzgefäße erfolgreich rehabilitiert, und jetzt scheucht sie bequem gewordene Kreuzfahrtfette mit »walk-a-mile« über das Promenadendeck. Nur wir waren zu faul dazu. Leider.

Und Hans, der zuerst genervte und dann immer liquidere Pharmatiker, griff in all seiner edelweißen Verzweiflung zwei flüssige, richtiger gesagt: überflüssige Schlehengeister vom Silbertablett der boarisch gestylten Stewardess Ludmilla aus Kasachstan. Ihre Ludmillas nennen die Kasachen gerne »Luda«. Deshalb wurde sie von den meisten Paxen und auch Crewkollegen freundlich »Kasaluda« genannt.

Sie trug eine ziemlich knappe Lederhose und breite bunte Hosenträger und sonst nix, allwei goanix, außer zwei Wanderstiefeln, die sich wohl von ihrem heimischen Aralsee hierher verlaufen hatten. Ganz gegen meine Gewohnheit ließ ich mich durch Kasaludas Anblick bei senkrecht stehender Tropensonne ziemlich unklar zum Klaren animieren. So waren Tabletten-Hans und ich ziemlich rasch selig, er redselig und ich hörselig, und fielen abseits in den Deckstuhl.

Und apropos Berge, ich hatte herausgehört, dass mein neuer unbekannter Bekannter einen großen Berg Verachtung in seiner Seele mit sich trug. Verachtung für all die jungen eloquenten Bankenbubis, die smarten Nachwuchs-Ackermänner, die Hedgefondues, Verachtung für das gesundheitspolitische Chaos dieser unseligen Ministerin Ulla Schmidt, die mit ihrem sogenannten Gesundheitsfond Ärzte und Pflegepersonal ins Ausland treiben, eine gute Behandlung vereiteln und die Kosten in die Höhe treiben würde. Und die mit ihrer Dienstwagenaffäre ihre politische Karriere ja wohl auch beendet hat.

Das alles erregte meinen Stuhlnachbarn, er moserte gegen die scheinheilige Ypsilanti und seinen hessischen Regierungskoch, den er »Schwarzwurzel« nannte, er war halbvoll Schlehe und voll Verachtung für seine schwarzrotgoldene Pleite-Republik, die er morsch und marode nannte.

Aber er schimpfte nicht nur so drauflos, dumpf und besoffen. Nein, er verstand es sehr, sich spannend zu artikulieren, er wohlüberlegte und wohlformulierte die Beispiele für seinen Unmut.

»Missstände und hirnrissige Finanzstrukturen« wusste er durchaus zu begründen und machte mich neugierig auf mehr. »Deutschland stirbt und merkt es nicht«, sagte er damals, noch vor dem Absturz der Lehman Brothers, der Hypo Real Estate, der Depfa-Bank und vieler anderer. Und das alles klang noch bitterer, als ihm sein Schlehenbitter schmeckte.

Ein Hessi als Pessi? fragte ich mich und würde ganz gern mal in ihn hineinhorchen, wenn er dies denn wollte. Nüchterner und ruhiger. So schlug ich ihm vor, mit ihm gemeinsam in Ruhe seine höheren oder flacheren Denkgebirge zu besteigen und da oben Echo für seine Geständnisse an der Reling zu sein. Ich wusste, er würde wiederkommen, irgendwann, aufs Peildeck hinauf an meine Gedankenreling. So kam es dann ja auch.

Aber bleiben wir noch ein paar Zeilen beim Oktoberfest. Da hatte ihn erst mal die blau-weiße Atmosphäre angesteckt. Dabei war Bayern München gar nicht sein Verein. Er war eigentlich Eintracht-Fan. Aber seine neue wahre Liebe, so gestand er, gelte Hoffenheim. Aha, dachte ich, vielleischt isser e Mannemer? »Zieht den Bayern die Lederhose aus«, sang er, als sich die aufgebayerte Stewardess aus Alma Ata mit ihrem Tablett zu uns niederbeugte und Hans zwar Eiger und Mönch, aber nicht die Jungfrau zu erkennen glaubte. »Eiger, Mönch und Jungfrau sind doch Schweiz, was redest du für einen Senf …«, versuchte ich ihn auf sein Weißwürstel herunterzufahren.

»Ja, ja, mit dem Senf ist es wie mit den Pillen«, brachte Hans, der Pharmazeut, nun plötzlich wieder andere Gedankengänge, »die Senf-Fabrikanten leben auch nicht vom Senf, der gegessen wird.« »Sondern?« »Vom Senf, der *nicht* gegessen wird!« »Ah ja«, versuchte ich zu verstehen, »jeder füllt sich mindestens doppelt so viel Senf auf den Teller, wie er tatsächlich für sein Würstchen braucht?« »Richtig«, meinte Hans, »und genauso macht es unser Volk der Pillenschlucker. Unsere Ärzte verschreiben immer noch viel mehr Pillensenf, als ihre Patientenwürstchen wirklich brauchten. Die Hälfte aller Tabletten werden weggeworfen. Und davon lebe ich …«»Offenbar so gut, dass es für so manche Kreuzfahrt reicht?«

»Ja, verschriebene Kreuzfahrten! Bist du etwa neidisch?« »Nee, und deinen Senf, ich meine dein Gleichnis, das hab` ich ja kapiert, aber was empfiehlst du?«»Das sage ich dir nicht, noch nicht, ich kenne dich ja kaum. Aber eine Theorie will ich dir gestehen, auch wenn ich mir damit selber in den Hintern trete: Wenn in Deutschland nur noch halb so viele Pillen verschrieben würden wie heute, dann wäre unser Gesundheitssystem saniert, und wir würden alle gesünder leben!«»Bis auf die Pharmaindustrie.«

»Okay, aber die ginge trotzdem nicht ein. Die haben bei manchen Präparaten eine Gewinnmarge von 1000 Prozent.« »Warum gehst du gerade jetzt so auf die Pillenpalme?« »Weil die Medikamente neuerdings nicht mehr nur von Apotheken, sondern auch über den Versandhandel und übers Internet verscheuert werden! Ärztliche Verschreibungen werden gefälscht oder gar nicht mehr angefordert. Wir erleben den Umbruch zu amerikanischen Verhältnissen. Die Apotheke als Drugstore. Weißt du, was drugstore in der Übersetzung heißt?« »Drogenladen.«

»Aber, alter Junge, unsere deutschen Barmer- und TKK-Patienten verlangen doch vom Arzt, dass er ihnen schon beim kleinsten Wehwehchen eine, zwei, drei Pillensorten verschreibt. Nur dann ist der ein guter Arzt. Zu einem Doktor, der ihnen nichts oder wenig verschreibt, zu dem gehen sie nicht mehr hin. Der muss schlecht sein als Mediziner, der hat ihr schweres Leiden nicht erkannt.

Das liegt daran, dass von Gesundheitsmedien, von ›Ratgebern‹ in Zeitungen, im Fernsehen, auch von Ärzten und Kassen selbst, der Eindruck vermittelt wird, jedes Unwohlsein, jedes Zipperlein, jedes lästige Älterwerden lasse sich medikamentös beheben«, ereiferte sich Hans, dieser pharmazeutische Hochverräter, und fuhr fort: »Die Kassen sollten nicht mehr jeden Scheiß bezahlen. Man kann es sowieso nicht kaufen, das Glück auf Rezept. Sie sollten eher den Ärzten mehr Geld geben, gerade für die gründliche und persönliche Behandlung von Kassenpatienten. Ob du's glaubst oder nicht, sehr viele Ärzte sind unterbezahlt. Die Zeit der Anlegerärztereisen und der Dentalreeder ist vorbei. Die Zahl der Privatpatienten sinkt. Also gebt den Ärzten – ob in Praxen oder Krankenhäusern – mehr vom Kassenkuchen, und finanziert nicht sinnlos vollgestopfte Pillenschränke in Millionen deutscher Wohnungen und Häuser!«

Ich konnte es gar nicht glauben, dass diese Erkenntnisse von einem Pharma-Grossisten stammen sollten. Aber im bayrischen Trachtenlärm und Weißwurstdunst jetzt nachzuhaken, schien mir ohne Sinn. Ich würde ihn an der Reling wiedertreffen, vermutete ich und bemerkte, dass Kasaludas attraktive Lederhosenbeine für ihn mit jeder Schlehe schöner und länger wurden. »Wer solche Beine hat, braucht keine Pillen«, murmelte er ihr hinterher.

Wir hatten Mauritius und Réunion längst hinter uns, liefen Kurs Durban, Kasaluda lief auch, unentwegt von Tisch zu Tisch, zwoa Maß pro Hand, mehr schafften ihre schmalen Hände nicht, aber der Stimmungsdax hatte sein Tageshoch überschritten und begann, spürbar zu fallen. Ich suchte Schatten zum Ermatten und zählte in meiner Fantasie insgeheim und mit schlechtem Gewissen meine abgelaufenen Halstabletten im heimatlichen Schuhkarton.

Laura lutscht sich in den Tod

Zwei Tager später kam es dann also so wie erwartet: unser nächtliches Wiedersehen da oben an der Reling. Querab von Madagaskar mit Kurs auf Durban. Mitten in der Nacht. Der Mann, das hatte ich in der Passagierliste gelesen, trug den Professorentitel. Als ich ihn danach fragte, winkte er ab und meinte lapidar: »Den Titel? Den hat mir die Pharmaindustrie gekauft. Ich könnte dir die Firma nennen, aber das will ich nicht. Meine Umsätze haben die begeistert, und zum 20. Firmenjubiläum wurde ich Professor.«

Dieser Pharma-Professor war heute total anders drauf als beim Oktoberfest, neulich da unten mit Kasaluda und ihren Hax'n, den eigenen und denen auf dem Teller. Der Schneewalzer dreiviertelte nicht mehr, der Holzmichel war verstummt, und auch mein neuer Bekannter schwieg zunächst ganz ungewohnt. Er war zu mir heraufgekommen, um zu reden, das fühlte ich, aber er redete nicht. Fort Dauphin hatten wir nun längst passiert, ganz allmählich kamen die Lichter von Kap St. Marte an der Südspitze Madagaskars in Sicht. Ganz fern, an der Kimm voraus an Steuerbord, nur ein schwacher Schein, aber Hans, mein Professor, war immer ziemlich genau im Bilde, wo wir gerade waren. Er studierte jeden Tag den Kurs auf der Seekarte, die auf Deck 6 gegenüber der Rezeption angeschlagen war, er steckte den Kurs mit Nadeln ab, er kannte stets unser Etmal, er wusste, wie viele Knoten wir gerade liefen, kurz gesagt: Der Mann war ein navigatorischer Pedant.

War er in seiner Wunschvorstellung vielleicht sogar Entdecker? Ein binnenländischer Columbus oder Cook, ein Vespucci oder Bougainville? Ein Möchtegern-Nautiker und Wunschtraumnavigator? Jedenfalls war er ein Wasserstraßenverkehrsordnungsexperte und nimmermüder Geografiker. »Ey, was bist du für einer?«, fragte ich ihn in unsere Stille, als er da oben im warmen Wind neben mir an der Reling stand und in die Nacht hineinschwieg. Nur das Rauschen der Bugwelle war zu hören.

Dann, nach langen Minuten, fragte er zurück: »Du kannst auch nicht schlafen?« »Schlafen kann ich in Ohlsdorf noch lange genug.« »Wo?« »In Ohlsdorf, das ist der größte deutsche Friedhof, kennst du nicht?« »Ist das der, auf dem auch Autos und Busse fahren?« »Ja, Hamburg-Ohlsdorf, wo im Mai Tausende von Rhododendren blühen.« »Rhododendron«, sinnierte er, »das Blatt von Rhodos. Glaubst du wirklich, der kommt von dort?« »Weiß ich nicht, aber sicher macht ihr auch aus Rhododendron irgendeine Medizin?« »Keine Ahnung, kann ich dir nicht sagen.« In der langen Pause zwischen unseren Gesprächsfetzen zog der Große Jäger da oben am Firmament mindestens 20 Zentimeter weiter.

»Ich hab' mir Gedanken gemacht«, versuchte ich, unseren Dunkeldialog wieder aufzunehmen. »Gedanken?« »Ja, über deine Kritik an der Pillenflut und dem Tablettenmissbrauch. Vorgestern da unten auf dem Achterdeck, du erinnerst dich?« »Ja, sicher.« »Ich stimme dir ja zu, aber ich frage mich, wieso ausgerechnet du als Pharma-Großhändler solche Bedenken hast?« Lange Pause. Dann er: »Du, schau mal, da vorn an Steuerbord, da ist Madagaskar zu Ende, da kommen wir in den südlichen Ausläufer der Straße von Mosambik. Da wird er seinen Kurs ändern, der Zweite da unten im Brückenhaus. Er wird 20 Grad weiter südlich gehen.« »Wahrscheinlich hast du recht«, sagte ich und bemerkte sein verbales Ausweichmanöver.

Minutenlang legte er seine Stirn auf die feuchte, kühle Mahagonireling. Ich sah das in der Dunkelheit nur schemenhaft. »Gedanken, Gedanken, ich mache mir Tag und Nacht Gedanken«, sagte er leise. Und dann noch leiser: »Ich habe verloren.« »Was hast du verloren?« »Das Leben.« Ich antwortete ihm nicht mehr. Es fiel ihm schwer zu reden, und ich wollte sein Geständnis nicht mehr unterbrechen. Nicht jetzt. Er suchte ein Ohr und keinen Mund, einen Zuhörer und keinen Sprecher.

»Das Leben«, wiederholte er leise. »Pillen, Pillen, im Schützenverein haben sie mich ›Pillenkönig‹ genannt. Sie ist daran gestorben. Laura ist daran krepiert. Laura ist …« Er begann zu weinen. Fast lautlos. Ich sah es an seinen Schultern. Ich zögerte. Aber dann rückte ich hinüber und nahm ihn in den Arm. Ich umarmte einen Mann. Einen fremden Mann. Noch nie war so etwas vorgekommen. Ich zog ein Papiertaschentuch aus der Tasche und gab es ihm. »Entschuldigung«, sagte er. – »Wofür?«

»Verstehst du was von Neuro-Pharmakologie?«, fragte er und schien sich zu beruhigen. – »Wenig.« »Von Opiaten, Antidepressiva, von Designerdrogen?« »Wenig, du musst wissen, dass ich so gut wie nie Tabletten schlucke.« »Das ist das andere Extrem. Eigentlich von Vorteil. Vielleicht manchmal auch von Nachteil. Aber längst nicht so gefährlich.«

Er schniefte noch mal aus, warf das zusammengeknüllte Taschentuch wie einen Tischtennisball über die Reling in die Tiefe und bemühte sich um Sachlichkeit. »Laura hat sich Zugang zu unserem Lager verschafft. Mit einem Nachschlüssel wahrscheinlich. Sie und ihre Freunde haben geklaut. Monatelang. Ich hab's zu spät bemerkt.«

»Wer ist Laura?« »Meine Tochter. Nur 19 ist sie geworden. Nur 19 Jahre alt. Und ich bin schuld. Bin ich wirklich schuld? Sag' mir, ist es meine Schuld? Habe ich versagt?« Er schluckte wieder. Er bemühte sich, senkrecht zu bleiben. »Hätte ich einen anderen Beruf, wäre sie noch am Leben. Verstehst du? Verstehst du, warum ich mich so hasse? Meinen Beruf? Diese ganze kranke Pharma-Szene? Diese kranke Gesundheitspolitik?« Er redete sich in Rage und erinnerte mich jetzt in Mundart und Diktion an den verstorbenen Frankfurter Schauspieler Günter Strack. »Mit Spice hat es angefangen«, zischte er leise und böse und biss sich dabei von innen in die für einen Kreuzfahrtpassagier ziemlich hohlen Wangen.

»Mit diesem Kräuterzeugs?« »Ja, ja, angeblich ganz harmlos. Jahrelang haben sie gepennt, unsere hoch bezahlten Zulassungsbeamten, unsere tollen Medikamentenprüfer. Haben diese gefährliche Mixtur auf dem Markt gelassen.« »Aber die nicht minder gut bezahlten Apotheker haben auch nicht Alarm geschlagen! Erst viel zu spät ist das Zeug auf die Rote Liste gekommen, auf die Liste der gefährlichen Drogen!«, sagte ich.

»Du hast Recht, auch die Mediziner, auch die Pharmazeuten haben versagt. Fragen Sie Ihren Arzt oder Apotheker – was für ein scheinheiliger und überholter Spruch. Als ob der Apotheker an der Ecke oder ein noch so wohlmeinender Allgemeinarzt wüssten, was gewinngeile oder sogar kriminelle Hersteller da zusammenmixen, aus welchen Substanzen sie ihre Pillen backen!« »Weißt du es denn?«, wagte ich einen Einwand gegen seine aufgebrachte Seele. »Ja, ich weiß es! Nicht der miese Kräutermix macht die Verführten high und selig, die beigemischte synthetische Substanz bringt sie in Lebensgefahr!« »Wie heißt die?« »JWH-018.«

»Du hast nicht mitbekommen, dass sie süchtig wurde?« »Nein, ich war fast ständig unterwegs. Zu Ärzten, zu Praxen, zu Krankenhäusern und Apotheken.« »Süchtigkeit folgt meist der Sucht«, hörte ich mich sagen, »und Sehn-Sucht ist die größte Sucht. Wonach sehnte sich deine Laura?« »Ich weiß es nicht. Sie hatte alles. Ein Auto, ein Pferd, eine eigene Wohnung.«

»Der Goldstaub, den du ihr in den Arsch geblasen hast, hat ihre junge Sehn-Sucht nicht befriedigt. Geld mag dich und mich zufriedenstellen. Weil wir aus Erfahrung wissen, wie es unsere erwachsenen Sehnsüchte stillen und unsere Wünsche erfüllen kann. Wir setzen Geld mit Wohlbefinden gleich. Manchmal erzeugt Geld auch dummen Stolz in uns. Geld als Hebel zum Erreichen unserer Ideale. Eine 19-Jährige sehnt sich ganz anders.« »Ja, Pfarrer Sommerauer, sind Sie fertig mit Ihrem ›Wort zum Sonntag‹? Können wir auch mal über die Sache reden?«

Seinen Erklärungen über psychoaktive Substanzen konnte ich

kaum folgen. Über neuronale Netzwerke, geschädigte Gehirn-areale, blockierte Rezeptoren, über die Wirkung halluzinogener Pilze, über das Eintauchen in virtuelle Welten, über pharma-zeutisch gesteuerte Veränderungen des Bewusstseins. Das Letzte leuchtete auch mir als Laien ein. Da gebe es Labore, erklärte mir dieser aufgewühlte Mann, die arbeiteten – von Geheimdiens-ten finanziert – an Substanzen, mit denen sich das Verhalten eigener und feindlicher Agenten oder Militärs chemisch steuern lasse.

Auch könne man ganz bestimmte Zeitabschnitte im Großhirn löschen wie Daten auf einem Speicherchip. Also auch genau abge-grenzte Erinnerungsphasen. Sodass ein Auftragstäter hinterher gar nichts mehr wisse von seinem Auftrag und von seiner Tat. »Und Soldaten, die sich hinterher nicht mehr an Schüsse und Gemetzel erinnern, die haben später auch kein Trauma«, erklärte mir mein Relingsfreund den militärsozialen Nutzen.

Auch Aussagen von Gefangenen oder Terrorverdächtigen lie-ßen sich chemisch exakt manipulieren. Der Pharmakologe nann-te im Dunkeln sogar die entsprechenden Substanzen. Auch kön-ne man Suizide auf diese Weise auslösen, Mörder programmieren, Skrupel löschen. Nicht nur in Guantanamo und im Käfig-Ghetto auf dem Flughafen Bagra in Afghanistan sei auf diesem Gebiet geforscht worden, auch lange vorher schon in den USA, in Kana-da, in Russland, China und auch in deutschen Geheimlaboren.

Das habe übrigens schon 1977 in Stammheim mit bestimmten Tabletten und Kapseln angefangen. »Baader, Meinhof und Genos-sen bekamen die Medikamente, die sie beim Gefängnisarzt bestellt hatten, in ganz anderer Zusammensetzung. Ihr kollektiver Suizid könnte auch chemisch ausgelöst worden sein.« Zwar konn-te ich seinen Worten nicht immer folgen, aber ich hatte das Gefühl, dass sich hier an der nächtlichen Reling ein Experte offen-barte. Er überschwemmte mich mit einem Wissen und einem Vokabular, dass ich von den Sternen da oben gern mehr erleuchtet worden wäre. Dieser Mann öffnete sein intellektuelles Staubecken mit einer Wucht, die mich mehrmals tief durchatmen ließ.

»Laura?«, fragte ich dann – geistig noch ganz im Banne seiner Sätze – hinein ins erste zarte Morgengrauen. »Was ist mit deiner Laura passiert?« »Tilidin«, antwortete er leise. »Ein Schmerzmittel eigentlich. Aber die jungen Türken in Frankfurt haben sich damit verrückt gemacht. Sie hatte einen türkischen Freund mit dem Namen Cemir. Der brauchte es für seine ganze Clique. Sie haben bei mir Mengen von Tilidin geklaut. Ich habe es zu spät bemerkt. Sie haben sich damit schrittweise vergiftet.«

Dann schwieg er wie abgeschaltet. Ich schaute auf die Uhr. Fast vier Stunden hatten wir schon da an der Reling gestanden. »Komme gleich wieder«, sagte ich und lief ein paar Runden übers Außendeck, weil ich mich bewegen musste. Im Morgengrauen fanden wir da oben eine Toilette, und dann schauten wir gemeinsam dem Sonnenaufgang zu.

»Wir laufen jetzt auf die Aidsküste zu«, bemerkte er. – »Aidsküste?« »Ja, so nennen Mediziner die südafrikanische Küste. Drüben in Westafrika gibt es die Pfefferküste vor Liberia, die Elfenbeinküste, die ihrem Land sogar den Namen gab, die Goldküste vor Ghana, die Sklavenküste vor Togo und Dahomey, die Ölküste vor Nigeria, na und hier haben wir eben die Aidsküste, von Durban über Kapstadt bis Namibia.«

»Stimmt das, Professor? Schon jeder fünfte Einwohner Südafrikas ist mit dem HI-Virus infiziert?« »Ja«, sagte Hans, der Wissenschaftler, der Mann mit dem tragischen familiären Hintergrund, »und das Widersinnige ist eben, dass die Industrienationen Unsummen zur Erforschung all ihrer vielgekauften und millionenfach nachgefragten Designerdrogen ausgeben, aber immer noch nichts wirklich Wirksames haben gegen Aids und Dengui, Ebola und Malaria. Es ist nicht zu fassen. Seit 100 Jahren kennen wir die Malaria tropica, aber haben immer noch keinen Impfstoff dagegen!« »Weil die meisten Betroffenen eben arme Schlucker sind.« »Ach, es ist doch noch viel zynischer«, meinte er, »Aids und Malaria regeln den afrikanischen Bevölkerungsüberschuss.«

»Du meinst, dahinter steckt Methode?« »Das ist doch klar. Der Papst verbietet Kondome und andere Verhütungsmittel. Ein verhängnisvolles Verbot! Erst im März 2009 auf Benedettos Afrikareise erneuert! Ob die Folgen dieser Lehre so gewollt sind, wie sie kommen, das kann dir vielleicht ein sehr frommer Internist erklären. Aber gewiss hat die katholische Kirche erkannt: Hier wird zu viel Menschenmasse produziert. Da bleiben als Regulativ gegen Überbevölkerung nur Aids, Malaria und internationaler Waffenhandel.«

»Waffenhandel?« »Ja. Zynisch, aber wahr. In Darfur, im Kongo, in Ruanda, in Simbabwe – kein Gewehr, keine Patrone stammt aus Afrika. Der ganze europäische und amerikanische Rüstungsschrott der NATO, der Russen und Ukrainer, der wird hierhergebracht und eingetauscht gegen Bodenschätze. Ohne Koltan kann kein Handy funktionieren. Wir kriegen es aus den Minen der ›Demokratischen Republik‹ Kongo, aus Ruanda und Burundi und etlichen anderen Gegenden dieses reichen armen Kontinents. Häuptlinge, Stammesfürsten, korrupte Militärs und manische Despoten in fast allen Ländern Schwarzafrikas verschachern Gold und Diamanten, Erze und Uran, auch Öl und Gas, beispielsweise aus Nigeria, an Abnehmer in Europa, China und Amerika, und sie bekommen dafür alte Panzer und Kanonen, gut erhaltene Gewehre und tonnenweise Munition, die wir im Irak und in Afghanistan nicht mehr oder noch nicht brauchen. Auch die Chinesen springen gerade auf – auf diesen Rohstoffzug. Die Jagd nach den Bodenschätzen dieser Welt, die fängt demnächst erst richtig an. Wenn die globale Wirtschaftskrise überwunden ist, dann geht er los, der Run auf die Ressourcen.«

»Und bei alledem keine wirksame HIV-Prophylaxe hier in Afrika? Keine wirksame Aidsvorbeugung?«, fragte ich nach. – »Doch, könnte es geben«, sagte er bitter, »schon vor Jahren hat eine deutsche Forschergruppe um den Chemiker Dr. Michael Schreiber am Hamburger Tropeninstitut eine hochwirksame Salbensubstanz entwickelt und getestet, die zuverlässig eine Ansteckung mit HI-Viren verhindern könnte. Millionen afrikanischer Frauen hätten sich längst zuverlässig, einfach und auch preiswert schützen können. Unzählige Kinder hätten nicht elendig zu sterben brauchen. Aber der Staat als Dr. Schreibers Arbeitgeber hat die Bedeutung nicht erkannt. Kleingeistige Eifersüchteleien verhindern die Zulassung und die Produktion. Ein Skandal ohnegleichen. Wegen patentrechtlicher Streitereien ist diese ideale Waffe gegen Aids bislang stumpf geblieben!« »Das hört sich an wie unterlassene Hilfeleistung?« »Genau das ist es.«

Dann schauten wir wieder aufs Meer und sahen nur die Dunkelheit und einen Entgegenkommer an Backbord, und ich sagte: »Mannomann.« »Nee, falsch«, sagte Hans, »du müsstest sagen ›Frauofrau‹. Die Salbe muss die Frau benutzen, bevor der Lover kommt, das hat zusätzlich einen angenehmen Gleiteffekt, und sie ist zu 99,9 Prozent sicher vor einer Infektion.« Ich sah an Steuerbord die Leuchtfeuer von Madagaskar und dachte an das Hamburger Leuchtfeuer, an die Aidshilfe und die Schleife und all das Elend.

Da schaltete mein fast unsichtbarer Nebenmann hier an der frühfeuchten Reling sein Kurzwellenradio ein, suchte – wie immer vergeblich – nach der Deutschen Welle und fand die BBC und hörte, dass Lance Armstrong wieder fährt, hörte irgendwelche Sportergebnisse und sagte, Radrennen, dafür habe er früher geschwärmt, zu Rudi Altigs und zu Didi Thauraus Zeiten, aber das sei ja jetzt eine Chemie-Sportart wie Schwimmen und Gewichtheben und Skilanglauf und Leichtathletik, und überhaupt würde das Publikum für blöd verkauft und all die Dopingkontrollen seien lächerlich, und ob Sport mich überhaupt interessiere?

»Ja sicher! Ganz früher hab' ich mal geboxt und Judo probiert, und geschwommen bin ich beim CSC 03, und Langstrecke schwimme ich bis heute – nur Laufen, das ist nie mein Ding gewesen.« »Hast du dich mal gedopt?« »Nee, hatte ich keinen Anlass zu, ich war ja kein verbissener Leistungssportler.« »Meinst du, es muss jemand verbissen sein, der mithalten will, der mithalten muss?« »Ja, wer dopt, hat selber Schuld.« »Mann, wie einfältig!«

Was für ein seltenes Wort, dachte ich. Er sagte »einfältig« zu mir. Und erklärte mir, unter welch enormem Druck so viele Leistungssportler stünden. Bei vielen stehe die Existenz auf dem Spiel. Viele hätten doch nichts anderes gelernt. Leute wie Jan Ullrich können Rad fahren. Was denn noch? »Wer mithalten will, muss dopen. So ist das nun mal heute, ob uns das gefällt oder nicht.«

Ich nach einer Weile: »Es sei denn, *keiner* würde dopen.« Und dann redete ich vom sauberen Sport und von fairem Wettkampf und merkte plötzlich selbst, wie einfältig ich argumentierte. »Jetzt gestehe ich dir mal was«, eröffnete mein Relingsprofessor eine neue Kurzvorlesung, »alle dopen. Nur manche nennen es anders. Manche reden von ›Nahrungsergänzungsmitteln‹. Manche wissen gar nicht, was sie nehmen. Fast alle Pharmaunternehmen forschen auf diesem Gebiet, während sie gedopte Mannschaften sponsern.« Dann gestand er mir, selbst auf diesem Gebiet geforscht zu haben. Mit Erfolg. Und mit Kohle. »Epo?« »Nein, Dynepo. War nicht gerichtsfest nachzuweisen. Ist es bis heute nicht. Aber von den Chinesen inzwischen schon wieder überholt. Durch Geref, die neueste Dopingmittelgeneration.«

»Überholt? Ein Wettlauf?« »Ja, seit den Achtzigerjahren – hGH. So heißt die Zauberformel. Wir haben hGH, dieses Wachstumshormon, noch aus den Hirnanhangdrüsen von Leichen gewonnen. Aber dann sind immer wieder, na nennen wir's mal ›Pannen‹ passiert. Also damit behandelte kleinwüchsige Kinder und missbräuchlich damit gedopte Sportler sind gestorben. Meist an CJK.« »CJK?« »Ja, Creutzfeldt-Jakob.« »Aber inzwischen kann man diese Substanz doch bestimmt auch gentechnisch produzieren?« »Das hGH gentechnisch herzustellen, ist erst 1989 erstmals gelungen.« »Und hGH ist nicht nachzuweisen?« »Nein. Nur bis 24 Stunden nach Applikation.«

Und dann erzählte er, dass die Chinesen Geref jetzt in Massen produzieren. Keineswegs immer steril. Und dass die Chinesen außerdem IGF-1 entwickelt hätten, ein insulinähnliches Wachstumshormon. Und dass sie ihn hätten nach Shanghai holen wollen, für viel Geld, aber dass er abgelehnt habe. »Weißt du«, sagte Hans, »demnächst wird per Tablette und per Nasenspray gedopt, das geht viel einfacher, ist preiswerter als die Spritze und noch viel weniger nachzuweisen.«

Er holte tief Luft im Morgengrauen an der Reling. »Unglaublich«, murmelte ich. »Aber wahr!«, antwortete er. Und seine Erregung wich zunehmender Depression. »Scheiß auf Doping und Aids und all die Mittel. Entschuldige, dass ich dich so zugemüllt habe hier an der Reling. Laura, ich wollte Laura ein paar Gedanken lang vergessen. Aber es geht nicht. Ich versuche, mich abzulenken. Wenn du wüsstest, wie, dann würdest du mich gewiss verachten.«

Dieses angedeutete Geständnis klang wie ein Hilferuf. »Verstehst du jetzt allmählich, warum ich an meinem Gewerbe verzweifelt bin? Warum ich den ganzen Laden verkauft habe? Für ein Schweinegeld! Meine Tochter ist tot. Meine Frau ist danach schwer depressiv geworden und hat sich mit verfluchten Überdosen umgebracht. Und ich bin nur noch auf der Flucht, vor mir, vor allen Nebensächlichkeiten und vor diesem Leben. Ja, ja, ich weiß, eine sehr komfortable Flucht. Mann, aber eine Flucht …«

Dann konnte dieser verzweifelte Mann nicht mehr, er sackte ganz langsam zusammen, krümmte sich auf den hölzernen Decksplanken wie ein Embryo im Mutterleib. Ich holte eine Matte und brachte ihn in eine bequeme Liegeposition. Dann zog ich einen Deckstuhl heran und legte mich daneben. Meine späteren Erlebnisse und Beobachtungen an Land bestätigten mir übrigens viel von dem, was er mir da eben an der Reling erzählt hatte.

Kiona, das Rostschutzmittel

Einen Tag später, Durban voraus, glänzte die schönere Seite der glanzlosen Medaille. Manno, dachte ich, als ich sie neben mir an der Reling bemerkte. Zehn Meter weiter schaute sie der animalischen Akrobatik unserer silbernen Begleiter zu. Dem Spiel der Tümmler vor dem Bug. Rasant, wie sie aus den Wellen sprangen. Mit welchem Tempo sie uns überholten. Wenn wir 16 Knoten liefen, also rund 30 km/h, dann schafften sie glatt das Doppelte. Immer wieder schossen sie durch die Bugwelle. Es schien ihnen richtig Spaß zu machen. Dieses Spiel mit dem großen Schiff in voller Fahrt. Wir hörten das Prusten ihrer Fontänen und bestaunten dieses Schauspiel der Natur.

Kiona stand neben mir an der Reling. In ihrem weißen schicken Hosenanzug. Großgewachsen, schlank und drahtig. Vorhin im bordeigenen Internetcafé hatte sie mir ihre E-Mail-Adresse gegeben, die anfing: Kionainspiration@... Denn das sei ihr Lebensmotto: Inspiration. Dieser Frau haben viele Passagiere viel zu verdanken. Nämlich die Inspiration, sich wieder mehr um sich selbst zu kümmern. Körperlich durch Sport und Gymnastik, geistig durch positives Bewusstsein und Gedankentraining. Kiona macht vielen Menschen wieder neue Lust am Leben. »Mentale und körperliche Bewegung«, sagte sie, »das haben viele jahrelang verlernt, aus Gewohnheit und Bequemlichkeit. Hier an Bord können und wollen sie nicht stundenlang vorm Fernseher sitzen wie zu Hause. Da sorge ich schon für.«

Wir schauten den Delfinen zu. Inbegriff von schneller Beweglichkeit. »Auch alte Delfine schwimmen schnell«, meinte Kiona. »Sonst finden sie keine Nahrung und verlieren die Gruppe.« »Bei Haien und Delfinen heißt die Herde ›Schule‹«, dozierte ich. »Gutes Stichwort«, meinte sie, »ich schule den Bauch und die

Birne.« Mit zunehmendem Alter wachse die Gefahr der Unbeweglichkeit. Nicht nur der Hüften, auch des Hirns. Deshalb freue sie sich, wenn »ihre« Passagiere Schach spielen, lesen, Kreuzworträtsel lösen. »Je schwieriger, desto besser!« Wie hatte der Kapitän neulich am Captain's Table »seine« Kiona genannt? Unser »Rostschutzmittel« gegen das Einrosten der Gelenke und Gehirne.

Deshalb fühlt sich Kiona auch nicht als simple Animateurin, die über die Decks läuft, in die Hände klatscht und ruft: »Volleyball, Volleyball!« Nein, sie sei dazu da, dass die Leute von selbst aus ihrem Liegestuhl aufstehen und zum Sportdeck kommen. Oder ins Gym gehen zur Gymnastik. Oder zu »walk-a-mile«, zwanzig Mal rund ums Promenadendeck. Die Alten, die Best Ager und sogar die Jungen. Kiona lässt einen nicht allein mit seinen lahmen Knochen. Mit ihr als Anlasser lässt man den Motor gern wieder anspringen. Kiona ist Motivateurin und bordeigener Unruheherd und schafft lächelnde Gemeinsamkeiten.

Sie kennen das? Den Strand in der Frühlingssonne? Nie würden Sie so ganz allein in das noch heftig kalte Wasser steigen. Da muss ein Arschtreter oder Motivator sein. Und dann, wenn man sich überwunden hat und drin ist in den Fluten, dann ist es herrlich und kreisläuferisch und meist überhaupt nicht mehr so kalt. Genauso wirkt Kiona. Ihr Motto heißt: »Nu machma.« Jetzt stand sie neben mir an der Reling und deckte ihren täglichen Denkbedarf.

»Kann es sein?«, fragte sie mich, »dass manche Leute sogar ein bisschen Angst vor mir haben?« »Na ja, dein Aktionismus stößt ja auch auf Stimmungslagen«, versuchte ich eine Erklärung. »Einerseits sieht jeder, dass es gut und nützlich ist, was du tust. Andererseits hat sich seine Seele vielleicht gerade ein bisschen zur Ruhe gelegt.« »Und woran erkenne ich das?« »Weiß ich auch nicht. Deine Antennen sind doch sehr sensibel. Mach einfach weiter!« Denn mir war klar: Das Zögern ist bei manchen auch weniger Angst als vielmehr Respekt. Übrigens, muss ich erklären, auch bei der

Mannschaft. Denn Kiona hat die Aufgabe, auch die Besatzung fit zu halten.

Kiona ist hier an Bord nicht nur zuständig für Sport und Bewegung, sondern auch für das abendliche Showprogramm. Sie übt mit den Künstlern ihre Auftritte ein, choreografiert die Tänze bordgerecht, sorgt für das richtige Bühnenlicht, singt selbst, moderiert auch, hat eine angenehme Altstimme, und einmal pro Reise, also alle 14 Tage, bringt sie einen Großteil der Besatzung auf die Bühne. Dann singen die philippinischen Stewards, dann tanzen die ukrainischen Stewardessen, dann schmettert der Besatzungschor sein internationales Repertoire in den Saal, dass sie alle mitsingen, lauthals und fröhlich: What shall we do with the drunken sailor und Rolling home und The banks of Sacramento und Blow boys blow und die Kleine Möwe, die nach Helgoland fliegt und der Seemann, der das Träumen lassen, und der Kapitän, der mich mitnehmen soll auf die Rrreise – all diese Shantys und Seemannslieder bringen das Publikum und halten damit auch das Schiff in Fahrt.

Kiona hat keinen Nachnamen. Jedenfalls kennt den keiner. Ist auch völlig überflüssig. Sie wurde 1962 im oldenburgischen Grabstede geboren und hatte schon als Kind einen ausgeprägten Bewegungsdrang. Stundenlang ist sie durchs Moor geradelt, hat geturnt, getanzt, sich mit den Jungs gerauft und ist auf Oldenburger Hengsten geritten wie weiland der Erlkönig durch finsteren Wald. Hilfsbereitschaft war und ist ihr angeboren. Sie wurde Krankenschwester in Bad Harzburg und OP-Schwester im berühmten Herzklinikum Großhadern bei München, bis sie – 1995 – ihre Liebe zur Seefahrt entdeckte. Manche buchen ihre Kreuzfahrt nur, wenn Kiona an Bord ist.

Hier an Bord fühlte sich Kiona auch für das seelische Befinden ihrer Passagiere zuständig. Gegen sie wirkte der Bordpfarrer teilnahmslos und abgewandt. Zu ihr kamen die Leute mit ihren Sorgen. Aber jetzt, hier an der Reling, wurde sie auf einmal ganz anders. Ich blickte auf. Verwundert. Die Powerfrau als Sauerfrau? Nein, sie war nicht sauer, sie war süß. Und auf einmal ganz weich. Sie wolle mir mal ein Geständnis machen, sagte sie leise. In all diesem Trubel sei sie manchmal – einsam. Ich schwieg, verblüfft und verunsichert. Erst nach einer Weile: »Kiona, du einsam? Du tobst jeden Tag zwischen 500 Leuten rum. Was sagst du da?« »Ja, ich animiere sie alle, ich singe für sie, ich turne für sie, ich renne für sie. Aber …« »Aber was?« »Love me tender, singt Elvis Presley«, sagte sie leise. »Zärtlichkeit. Auch eine Antriebsmaschine möchte manchmal zärtlich behandelt werden.« Ich war verblüfft. Die taffe Kiona, so kannte ich sie gar nicht. »Ich hab' dir doch meine CD geschenkt. ›Kionas Traumreise‹. Hast du die noch?«, fragte sie. – »Na klar hab' ich die noch.« »Hör dir mal den Titel Nr. 9 an!«

Dann wechselte sie das Thema. Total plötzlich. Es war wie ein Ruck, der durch sie ging. Ihr Rücken wurde gerade. Sie schaltete ihr Strahlen ein, dieses bordbekannte Lächeln, und stellte mir Edda vor, die gerade zufällig an unserem schönen Stehplatz an der Reling vorbeikam. Eine junge Frau mit ernstem Gesicht. »Sie ist die Beste im Tanzen, bei unserer Aerobic, beim Sport«, sagte Kiona, »nicht so faul wie du!« Wir kamen zu dritt ins Gespräch, dort im warmen Wind an der Reling.

Zu meiner großen Überraschung stellte sich nach einer Weile heraus, dass ich Edda vom Hören kannte. Aus den Erzählungen meines nächtlichen Relingspartners. Und sie wusste, dass ich Hans kannte. Er musste ihr von unserem Dunkeldialog berichtet haben. Edda, diese junge Frau hier, war die fast traumatisierte Freundin von Laura. Richtig, sie war die Freundin der Professorentochter, die so tragisch gestorben war. Hier an Bord hatte sie sich Kiona anvertraut. Und beide wussten, dass ich in dieser langen Nacht an der Reling da oben über all das mit Lauras Vater geredet hatte. Ich war also für sie ein Eingeweihter.

Der Pharma-Professor, mein nächtlicher Relingspartner, hatte Edda mitgenommen auf die Kreuzfahrt. Ihr als Dank für ihre große menschliche Hilfe eine Kabine bezahlt. Es waren ja keine finanziellen Probleme, die er hatte. Geld spielte für ihn keine Rolle. Sie hatte zugesagt. Einmal, weil sie noch nie solch eine große Schiffsreise unternommen hatte. Und außerdem, weil sie diesen Mann nach all seinen Schicksalsschlägen vor Kurzschlusshandlungen bewahren wollte. Dass da noch ein bisschen mehr war, das spürte ich.

Ich empfand es als vertrauensvoll, dass Edda bei mir stehen blieb, dort an Lee, an der windabgewandten Backbordreling, auch als Kiona gehen musste. Eine halbe Stunde etwa standen wir wortlos nebeneinander. Dann fragte ich: »Schön, dass du dich mit Kiona angefreundet hast. Tolle Frau!« »Ja, ich mag sie.« Sie lächelte. »Obwohl sie mich manchmal noch mehr scheucht als die anderen, bei ihrem Fitnessprogramm. Ganz schön hart!« »Harte Schale, weicher Kern?«, fragte ich sie und fragte ich mich. »Kennst Du ihre CD?« »Hab' ich mir grad vorhin in der Bordboutique gekauft«, sagte Edda, »weil mir ihre Lieder gestern abend so gut gefallen haben. Vor allem, dass sie mal sang: Mädel, komm bald wieder, bald wieder nach Haus!«

Ich stimmte ihr zu: »Immerhin sollen ja mittlerweile mehr als ein Viertel aller Seeleute weiblich sein. Edda, schau doch bitte mal nach, wie heißt der Titel Nr. 9 auf ihrer CD?« Sie kramte in ihrer bunten wetterfesten Tasche. »Hier ist sie. Moment. Das Lied heißt: ›I don't know how to love him‹.« Wortlos sahen wir uns an und drehten uns wieder zur Reling. Glatte See, Sonnenschein. Gedanken. Langes Schweigen.

Verankert in Hamburg

Mit Laura, das muss schlimm gewesen sein«, versuchte ich dann, den anderen Faden wieder aufzunehmen. »Der Professor, ich meine Hans, hat mir von ihrer schiefen Bahn erzählt.« »Es war keine schiefe Bahn. Es war eine Achterbahn. Ich hatte immer gehofft, sie kommt da wieder raus.« »Konntest du ihr nicht helfen?« »Ich hab's versucht. Immer wieder. Aber sie ist irgendwie ausgestiegen. Erst aus ihrer Familie, dann aus ihrem Abitur, aus unserer Tanzformation, und am Ende aus dem Leben. Ich könnte schon wieder heulen, wenn ich nur daran denke.«

»Und ihr Freund? Wie hieß der noch?« »Cemir, ein Türke. Zuerst war der nett und toll und wollte sogar mitmachen beim Tanzen. Aber dann wurde er von Tag zu Tag eifersüchtiger. Er hat sie verprügelt und beschimpft. Immer wieder. Wollte ihr das Tanzen verbieten. Ihr kurze Röcke verbieten. Disco verbieten. Alkohol verbieten. Sogar Schweinefleisch verbieten.« »Ich verstehe gar nicht«, sagte ich, »dass eine junge aufgeklärte Frau so etwas mitmachen kann?«

»Sie sei hinter anderen Männern her, warf er ihr immer häufiger vor. Ich hab' ihr gesagt: Laura, komm raus aus der Geschichte! Raus aus dieser Clique! Aber da war sie schon auf Spice. Und dann kam dieses andere Zeug. Tilidin – sie haben es bei ihrem Vater aus dem Lager geklaut.« »Hat er mir erzählt.« »Damals bat mich Lauras Vater um Hilfe. Ich ging ja bei der Familie aus und ein. Als Laura ihren Eltern entglitt, da hofften sie auf mich und meine Hilfe. Er und seine verzweifelte Frau.

Ich fuhr immer wieder hin zu Laura. Aber Cemir schrie mich an: Hau ab! Und schrie Laura an: Schick sie weg, deine Scheißfreundin!« »Und?« »Sie hat mich immer wieder weggeschickt. Sie hat geheult, gelacht, geschrien – und mich weggeschickt. Mein eigener Freund hatte mich gewarnt, da immer wieder hinzufahren, zu den Türken und in diese Drogenhöhle.« »Aber du hast nicht auf ihn gehört?«

»Ich war im Konflikt. Hatte Angst, um mich, aber noch mehr um Laura. War hin und her gerissen. Wochenlang. Lauras Eltern beschworen mich zu helfen. Lukas, mein Freund, verbot es mir. Dann wollte ich's ein letztes Mal versuchen. Hab' Laura auf dem Handy angerufen und ihr gesagt: Ich komme, pack unauffällig deine Sachen. Ich hole dich heute da raus. Dann bin ich hin, mit dem Auto ihres Vaters. Bin rein zu Laura. Hab' gehofft, sie hätte es geschnallt. Aber Scheiße. Sie warteten schon auf mich. Cemir und drei andere aus der Izmir-Clique.«

Plötzlich sprach Edda nur noch leise. Sie schluckte. Nein, nicht schon wieder Tränen an der Reling, dachte ich. Ich legte meine Hand auf ihre. »Was dann?« »Sie haben mich auf den Tisch geworfen und mit drei Mann festgehalten.« »Vergewaltigt?« – Sie nickte nur. Und schluckte wieder. – »Auch Cemir?« »Cemir war der Erste, und dann die drei anderen.« »Laura war dabei?« »Ja, sie hatten sie festgebunden, braune Klebestreifen überm Mund.« »Bist du zur Polizei?« »Die Anzeige hat Lauras Vater gemacht. Die sind dann alle aufgeflogen. Aber mein Lukas ist abgehauen, als er von der Nacht erfuhr.« Sie fing wieder an zu weinen. »Er ist weg. Ohne Gruß. Ohne Nachricht. Keine Ahnung, wohin.«

»Haben die Türken mit Rache gedroht?« »Ja, ich bekam Polizeischutz. Weil sie mir drohten: Wenn du uns an die Bullen verpfeifst, schneiden wir dir die Kehle durch. Nein, sie sagten nicht ›Kehle‹. Sie sagten: ›Ey, Alte, wir schneide durch deine Supperohr.‹« »Und Laura?« »Ich weiß nur, dass sie noch vor dem Prozess gestorben ist. An einer Überdosis, hieß es. Vielleicht hat da auch jemand nachgeholfen. Mehr weiß ich über ihr Ende nicht.« »Kam es zur Verhandlung?« »Ja, aber zum Prozess bin ich nicht erschienen. Hatte mein Anwalt mir so geraten. Ich wurde zu Hause vernommen. Dann riet mir die Frankfurter Polizei, den Wohnort zu wechseln. Und nach Möglichkeit auch den Namen. Ich bin nach Hamburg gezogen. Ich heiße auch nicht wirklich Edda. Lauras Vater hat den Umzug finanziert. Und den besten Anwalt. Und er bezahlt seitdem mein Leben. Ich werde bald wieder einen guten Job bekommen, hoffe ich, dann zahle ich's zurück.«

»Ich glaube nicht, dass das nötig ist«, sagte ich, »Geld ist nicht sein Problem.« Ich legte meinen linken Arm um sie. »Mädchen, was für eine Geschichte.« Sie fasste sich, hörte auf zu weinen und lächelte wieder: »Ich hab' mich schon richtig an den Namen gewöhnt. Vielleicht behalte ich den auch.« Sie sagte mir auch ihren neuen Nachnamen. Aber den sollte ich sofort wieder vergessen. »Ich weiß gar nicht, wieso ich dir das alles erzähle?« »Weil es besser ist, kontrolliert Druck aus einem Ballon zu lassen, als abzuwarten, bis er platzt. Auch eine Seele kann platzen.« »Kann sein. Aber ich rede mit dir, weil ich dir vertraue. Ich kenne dich kaum und vertraue dir doch.« Es war warm, die See war ruhig und dunkelblau. Das Bugwasser schäumte unter uns. Jetzt legte sie ihren rechten Arm ganz zutraulich um mich. Eine Seele, die Hilfe brauchte?

Weil die Sonne so vom Himmel knallte, setzte ich meine marineblaue Kappe auf, die mit dem roten Aufdruck »Verankert in Hamburg«. Edda fand die schick und nahm sie mir einfach vom Kopf, setzte sie sich selber auf und sagte: »*Ich* bin doch jetzt verankert in Hamburg!« »Vom Main an die Elbe, kein schlechter Schritt«, sagte ich, und Edda lächelte und gab mir die Kappe zurück, rückte sie mir auf dem Kopf zurecht und sagte: »So eine hole ich mir auch. Wo krieg' ich die?« »Geh in die Feldstraße zu ›Maegde und Knechte‹ und bestell' dort einen schönen Gruß von mir. Ina soll dir eine schenken.« »Dann musst du mir sagen, von wem ich grüßen soll?« Ich sagte ihr alles, was sie wissen wollte. Sie schrieb meine E-Mail-Adresse auf ein Taschentuch.

Sie sah mir direkt ins Gesicht. Jetzt entdeckte ich zum ersten Mal ihre tiefgrünen großen Augen. Ein bisschen verheult, aber so glänzend grün wie eine Nordmanntanne im Winterregen. Einen solches Augengrün hatte ich noch nie zuvor gesehen. »Farbige Kontaktlinsen?«, fragte ich skeptisch. Sie lächelte: »Nein, die sind so von Natur.«

Eine Weile standen wir stumm nebeneinander und schauten ins Wasser. Keiner wollte weiterfragen und etwa zu aufdringlich werden. Aber auch nicht gehen. Mal sehen, was kommt, dachte ich. Dachte sie vielleicht auch. »Bist du Fotograf?«, fragte sie. – »Wieso?« »Du siehst Menschen so an wie ein Fotograf. Oder wie ein Regisseur?« »Du bist dicht dran«, antwortete ich. »Oder bist du Maler?« »Woher willst du wissen, wie ein Maler schaut?« »Weil ich fotografiert und gemalt und gefilmt worden bin. Und du hast genau diesen – sagen wir Künstlerblick.« »Ich schreibe und ich fotografiere, malen kann ich nicht.« »Na gut, dann hol' die Kamera! Ich zieh' mich schon mal aus«, witzelte sie, ohne zu lachen.

»Du hast vorhin gesagt, du suchst einen Job?« »Ja, den nächsten guten Auftrag. Hatte schon ganz gute Jobs, will jetzt in Hamburg neue aufreißen.« »Was machst du?« »Ich mache Mannequin und Model.« Ich drehte mich um zu ihr und musterte sie. Von unten bis oben und absichtlich lange: »Ist nicht leicht, das ist ein Haifischbecken.« »Ich weiß«, meinte sie, »aber erste Erfahrungen habe ich ja schon. Und außerdem gehöre ich zu den Optimisten.«

Wir legten uns auf zwei freie Liegen nebeneinander in die Sonne. Abseits der anderen Passagiere. »Macht es dir was aus, wenn ich …?« Sie wartete meine Antwort nicht ab und legte ihr Top auf das heiße Holzdeck. Und ihre lila Shorts dazu. »Macht es dir was aus, wenn ich uns einen Drink bestelle? Campari Orange mit Zuckerrand?« »Und mit zwei Würfeln Eis!«, lächelte sie mit geschlossenen Augen hinzu. Ich ging und orderte an der Poolbar. Beim Zurückkommen sah ich, dass ihr kleines Stringstoffstück so grün war wie ihre Augen. Jedenfalls wäre dem Decksteward beim Servieren unseres gelb-orangen Drinks um ein Haar das Tablett aus der Hand gerutscht. So kullerte nur eine rote Maraschino-Kirsche übers Deck. Willkommener Anlass für ihn, nach drei Minuten wiederzukommen und ihr eine neue Kirsche zu bringen.

Dann kam Hans, ihr Kreuzfahrtgönner, und wir nahmen Edda in die Mitte. »Hätte ich mir doch gleich denken können, dass dich der hier anmacht«, sagte er, halb im Ernst und halb im Spaß. – »Der hier hat mich nicht angemacht«, sagte Edda, »ich habe *ihn* angemacht.« Ich winkte dem an der Reling lauernden Steward, ein drittes Glas zu bringen. »Du hast vorhin angedeutet, dass du tanzt? Du hast von einer Tanzformation gesprochen?«, fragte ich das Mädchen. – »Ja, Laura und ich haben Hip-Hop getanzt. Einzeln und in unserer Sechser-Formation.«

»Echt? Hip-Hop?«, fragte ich erfreut. »Meine Freunde in Hamburg sind professionelle Hip-Hopper! Die studieren mit ihren Schülern die Choreografien bekannter Gruppen und Solisten ein.« »Jetzt sag' bloß …« Edda kam hoch. Ihre Bauchmuskeln angespannt. Ganz aufgeregt. Ihr fester kleiner Busen vibrierte kurz, sah mich an und schien ebenso erstaunt: »Jetzt sag' bloß noch Dance4Fans?« »Richtig: Dance4Fans, so heißt das Ganze.« »Ich fass' es nicht«, fasste sich Edda an den Kopf und fasste sich dann doch. Und ließ sich zurückfallen auf ihre Liege.

»Wir waren toll beim Contest in Wuppertal«, schwärmte sie. »Auch im CCH in Hamburg waren wir richtig gut. Wir hätten bald mittanzen können um die Deutsche Meisterschaft. Vielleicht sogar um den Europacup in Wien. ›Mainmiezen‹ nannten wir unsere Gruppe. Aber dann – ist Laura ausgestiegen.« Lauras Vater, der Pharmazie-Professor, mein nächtlicher Relingspartner, lag mit geschlossenen Augen in der Sonne neben uns. Er atmete tiefer, als es seine Ruhelage erfordert hätte. »Wäre sie doch bloß dabei geblieben«, seufzte er leise. »Dann wäre sie noch am Leben. Das ist so ein toller Sport.«

»Stimmt«, sagte Edda ganz leise, ebenfalls mit geschlossenen Augen. Ich sah eine Träne aus ihrem Augenwinkel sickern. – »Ich habe selten junge Leute mit solch einer Begeisterung bei ihrem

Sport gesehen wie bei Dance4Fans«, nahm Hans den Gedanken wieder auf. »Alle, die da tanzen und toben und sich bewegen und Spaß miteinander haben, die brauchen keine Drogen, die machen nicht so'n Scheiß, die saufen nicht und dröhnen nicht und koksen nicht, die sind auf einer ganz anderen Welle!«

Ich dachte: Verdammte Scheiße, das mit Laura. Aber sagte höflicher: »Ja, wirklich tragisch, dass sie nicht dabeigeblieben ist.« Edda erinnerte sich: »Das Tanzen mit Laura, das war unsere schönste Zeit. Das hat uns happy gemacht. Und weißt du was? Der Peter und die Caro und der Timo und die Andra und all die anderen, die wollen so etwas jetzt auch auf Kreuzfahrtschiffen machen. Jüngeres Publikum anlocken. Hat mir Kiona erzählt.«

»Der Peter Bartel in Hamburg hat da eine Bewegung angeschoben …« »Was, der ist das?«, schoss Edda wieder aus ihrem Deckstuhl hoch. »Der? Den kennst du?« Wieder starrte mich ihr kleiner Busen an. – »Ich kenne auch seinen Sohn, den Weltmeister …« »Was, du kennst Timo Bartel? Ey, mein Vorbild? Mein Idol?« »Ich kenne auch Carolin Jolie, die schönste Tanzlehrerin des Kontinents«, gab ich jetzt richtig an. »Und Andra Kennedy, die Europameisterin.« »Das ist doch genau *die* Tanzschule in Hamburg, in der ich weitermachen will! Heißt die nicht, Moment, irgendwas mit Ring?« »Ja, Ring 3.«

»Ich werd' verrückt, du kennst die alle?«, fragte Edda ganz begeistert. »Ja, meine Tochter tanzt dort auch. Fiona ist 13 und gehört zu den ›Lollipops‹. Es schien mir, als schnappte Edda nach Luft, während ich so auf die Kacke haute. Also nahm ich mich ganz schnell zurück. Auch Hans hatte sich aufgerichtet: »Weißt du, dass diese Leute da, die vom ADTV, vom Allgemeinen Deutschen Tanzlehrerverband, dass die mehr für die Jugend tun als alle Jugendpolitiker zusammen? *Die* holen die jungen Leute von der Straße. *Die* bringen ihnen Sportsgeist und Benehmen bei. *Die* kriegen vom Staat keinen Cent dafür!«

Da war er wieder, mein kampfgeistiger Relingsgefährte. Und

ausgerechnet seine Tochter war abgestürzt? War weggelaufen? Hatte ihren Sport aufgegeben? Ich konnte es noch immer nicht begreifen. Mit welchen Methoden musste da eine Gang vorgegangen sein, um sie auf diese scheißschiefe Bahn zu ziehen, überlegte ich. Und fing an, sie zu hassen, all diese Komasäufercliquen, die Spritzer, Kokser, Drücker, all die Schniefer, Schlucker und den ganzen teuren Sumpf aus lebendigen Toten. Egal, ob Deutsche, Türken, Russen oder sonst welche Idioten!

Hans, der Pharmazeut, konnte wohl meine Gedanken lesen. Und ich seine. Ich sagte nichts, aber dachte: Laura, wo bist du da hineingeraten, du Idiotin, was hast du dir und deinen Eltern angetan? Stumm fragte ich dies in die südafrikanische Sundowner-Sonne, aber es kam keine Antwort, nicht aus dem Himmel, nicht aus der Hölle. Den Teufel und alle Drogen dieser Welt, ich verfluchte sie, schaute aufs Meer, in die blau schimmernde Unendlichkeit und dachte ans Tanzen, ans Lieben und Leben und hoffte und hoffe, dass anderen nichts Ähnliches widerfährt wie Laura, die ich nie kennenlernte und doch kenne. Zu spät …

Tschaika – Reling in der Kneipe

Reling ist körperlicher Stillstand bei geistiger Bewegung. Denn Reling bedeutet ja meistens Standpunkt auf dem Schiff. Standpunkt im doppelten Sinn. Den, den ich vertrete. Und den, den ich betrete. Verbaler Austausch auf hölzernen Planken. Es gibt aber auch hier und dort *an Land* reizvolle Relings. Zum Beispiel lagen wir mal vor Portofino auf Reede, sind mit dem Zodiac an Land getendert, und direkt am nostalgisch-malerischen Segelhafen habe ich lange an der grünen Eisenreling mit ihren fünf Sprossen gestanden und habe das pittoreske Städtchen in mich aufgesogen, diesen »feinen Hafen« Portofino, südlich der berühmten Cinqueterre am Golf von Ligurien gelegen, unnachahmlich hineingemeißelt in die grüne steile Felsenküste.

An dieser Reling aus grün übermaltem Rost, dort direkt am Wasser, schaut man auf die gelben Häuser, die roten Dächer, die weißen Boote und das tiefblaue Meer, während einen die einheimischen Bambini springend und prustend und fröhlich bespritzen. Ich gestehe, dass ich mich an dieser Reling habe anstecken lassen von ihrer Lebensfreude, von ihrer Unbekümmertheit, sodass ich spontan und unvorbereitet dann auch hineingesprungen bin, in diese schönste Bucht Italiens, und sie durchschmettert habe, als hätten mich diese Kinder um Jahre verjüngt. Das zufällige Foto davon ist übrigens ein kleines Meisterwerk der Designerin Ina Kurz geworden. Kompliment ihren Künstleraugen und danke, ihr Mädchen und Jungen von Portofino!

Relings gibt es also auch an Land. Am Altonaer Balkon zum Beispiel, mit Blick auf den Hamburger Hafen. Oder am Helgoländer Oberland mit Blick auf den »Insulaner«, die Nordsee und die Düne. Am Zugspitzplatt mit Alpenblick. Oder, oder, oder. Wohl jeder hat so seine Lieblingsreling. Meine fand ich vor Jahren in einer Leningrader Kneipe namens »Tschaika«. Dort direkt am Kanal Gribojedowa, nur siebzig Meter vom Newski-Prospekt, in Sichtweite der berühmten Kasanski-Kirche, dort mitten in der riesigen Sechs-Millionen-Stadt hatte der Hamburger Kneipier Broder Drees 1987 das erste deutsche Bierlokal hinter dem Eisernen Vorhang aufgemacht, die Tschaika. Mit Astra-Bier und Jever-Pils und Bratkartoffeln.

Das galt damals im roten Leningrad, der zweitgrößten Stadt der sterbenden Sowjetunion, als politische und gastronomische Sensation. Gefördert vom ersten liberalen Bürgermeister Anatoli Sobtschak, gern besucht von seinem jungen Stellvertreter Wladimir Putin, der von Dresden in seine Heimatstadt heimgekehrt war. Von der Elbe an die Newa.

Die Tschaika ist eingerichtet wie ein Schiffssalon. Dunkle Tische als hölzerne Backs. Viel Messing und Mahagoni. Dicke Taue als Begrenzung. An den Wänden Schiffsbilder aus Hamburg. Auf den Regalen russische Marinemützen. Labskaus auf der fünfsprachigen Speisekarte. Die Hamburger Flagge hinter Glas. Manchmal kam der Hamburger Hafendirektor Dr. Karl-Ludwig Mönkemeier herüber von der Elbe an die Newa. Alle nannten in »Mönki«. Auch die Russen. Auch die Mädchen. Leider ist er 2009 im Mai gestorben, dieses zwei Meter hohe Hamburger Original. Und an der runden Bar der Tschaika steht und sitzt man wie an einer Reling. Auch heute noch.

An dieser Reling hörte ich so manches leise Geständnis aus weiblichem Mund. Und sah tiefe Melancholie unter weizenblonden oder kohleschwarzen Haaren. Wer die Tschaika betrat, dem fielen sie sofort ins Auge, all die jungen Russinnen, dieses Heer von hübschen Mädchen, die bisweilen fehleingeschätzt wurden, damals, aus der Sicht oberflächlicher Arroganz, und die gelegentlich in falschen Misskredit gerieten.

Wie dumm, wie gedankenlos solche Bemerkungen waren, vor allem gleich nach der Wende – von einigen der ersten elitären, gruppenreisenden Eremitage-Besucher und Katharinenschloss-Besichtiger. Kulturbeflissen und auch ein bisschen großfressig traten manche auf. »Ey, wo ist hier das Bernsteinzimmer?«, riefen sie in Zarskoje Selo der armen Fremdenführerin zu.

Mir stieß dieses Gehabe mancher Westler schon damals übel auf, und der Zorn ist auch nachträglich geblieben. Manche Touristen sahen die Not wie eine Sehenswürdigkeit. In anderen Ländern gibt es das ja immer noch. Indienreisende wissen ein Lied davon zu singen, wie sich manche ihrer Landsleute dort verhalten. Oder die Fernsehzuschauer, die immer häufiger Gutmenschen auf TV-Tournee durch afrikanische Slums sehen. Ich verachte Leute, Polit- oder Showprominente vor allem, die schwarze Kinder vor weiße Kameras zerren und in deren Not ihre ach so mitfühlende Helferseele baden. Die dort wirklich helfen, machen nicht solch einen Wirbel.

Aber ich bewundere andere, die nicht am nächsten Tag in den nächsten Kral reisen. Die Ärzte ohne Grenzen, Leute wie Karlheinz Böhm, die Schwestern von terre des hommes. Und damals in Russland? Männer wie Gerhard Weber und Knut Fleckenstein, Broder Drees und Horst Mönke, Kalle Ehlers und Egon Lasicki – und all die anderen, die dem frierenden Russland damals ins Innenleben schauten, die es besser wussten und richtiger machten. Die geholfen haben, anstatt ihre Fresse ständig in irgendwelche Kameras zu halten.

Und diese jungen Frauen damals in der Tschaika, das waren keine »Nutten«. Keine Kiez-Prostituierten, die das beruflich machen. Oder beruflich machen müssen. Die waren ludenlose Überlebenskünstlerinnen. Das hatte auch nichts zu tun mit Unmoral. Das hatte zu tun mit nacktem Überleben. Svetlana, damals 24, arbeitete tagsüber in der Bank. Für umgerechnet 200 Mark im Monat. Sie ernährte sich und zwei kleinere Geschwister, die kranke Mutter und die Großmutter, und sie kannte ihren Vater nicht. Der war abgehauen, so wie sich viele »Unterhaltspflichtige« aus dem Staube machten. Sie brauchte Kartoffeln und Kohl und einen Fisch in der Woche, Milch für die Kleinen und Klamotten für sich, um gut auszusehen tags in der Bank und nachts in der Tschaika, und sie war dankbar für mitgebrachte Jeans, Strumpfhosen oder Lippenstifte aus dem Alsterhaus.

Na klar, zunächst war ich skeptisch, ob es stimmte, was sie mir an dieser Reling zwischen Rubel und Valuta gestand, an dieser Messingstange zwischen beiden Welten, und schaute mir's an: ihr Zuhause in der riesigen Trabantenstadt aus Plattenbau und Pisse, das schwarze stinkende Treppenhaus, die knarrende Höllenmaschine, die sich Fahrstuhl nannte, die farblosen Wände ohne Putz, die bröckelnde Decke, die hageren Kinder, die magere Mutter, die sterbende Oma, ich sah, dass sie mich bei ihrem Geständnis an der Tschaika-Reling nicht belogen hatte.

Okay, das mag inzwischen alles völlig anders sein. Aber mich hat es gelehrt, vorsichtig zu sein mit dem Schimpfwort »Nutte«. Und warten wir mal ab, welche Folgen die als »Bankenkrise« verharmloste Zeitenwende bei uns noch haben kann.

Furchtbar die Kinderheime damals 1989 in der Sechs-Millionen-Stadt an der Newa. Wahnsinnig teure Sputniks am Himmel, aber Tod und Elend auf der Erde. Damals in der Zeitenwende. Ich werde es nicht vergessen, wie der deutsche Fabrikant Horst Mönke im Kinderheim Nummer 168 seine Spenden selbst verteilte, um Missbrauch auszuschließen. Wie er ein Bündel Mensch in den Händen hielt, nicht größer als ein Karpfen, kalt und nass und frierend, und wie das Bündel ihn mit großen Augen anschaute, als er es in die mitgebrachten Babysachen einwickelte, wie er aus dem nassen Karpfen ein Zwergkaninchen machte mit warmem Fell und Überlebenschance, und wie er weinte, dieser erfolggewohnte Mann aus Harburg, als ihn das Kind mit seinem noch zahnlosen Mund anlächelte, wie es ihn übermannte, als sie für ihn sangen, diese Kinder, für die jedes neue Erwachen am nächsten Morgen wie ein Wunder war.

Mag ja sein, dass das Zwergkaninchen von damals inzwischen als großer Hase mit goldenen Schuhen über die Promenade von Marbella oder Baden-Baden stöckelt. Sie weiß nicht, wie sie überlebte. Sie weiß nur, dass sie überlebte. Und viele hätten kaum überlebt, wenn nicht solche Menschen wie dieser Mann in dem damaligen Chaos so mit angepackt hätten. Darum hier dieses späte Spassiba Gospodin!

Es war vor allem die Generation der Deutschen, die zu Hause selbst schon hatte lernen müssen, Karren aus dem Dreck zu ziehen. Die Nachkriegs-Anpacker, wie es Horst Mönke einer war. In den Fünfzigerjahren ist er zur See gefahren, ist dann in die Stauerei gewechselt, war Lukenviez und Tallymann und hat früh erkannt, dass fast alle Waren Paletten brauchen, um trocken und sicher transportiert werden zu können. Ob an Land, ob über See, alles stand und steht auf hölzernen Paletten. Kisten, Kästen und Kartons. Und so gründete der junge Unternehmer den »Hamburger Palettenservice«.

Er bezieht sein Holz aus Russland, Polen, Skandinavien und auch aus Deutschland, verwertet die hölzernen Sturmschäden, denn er braucht kein Edelholz, errichtete Sägewerke an den Ursprungsorten, baute nach der Wende den Wismarer Holzhafen mit auf und dort den größten holzverarbeitenden Betrieb der Mecklenburger Küste – und genau dieser Mann päppelte in Leningrad eigenhändig unterernährte Kleinkinder auf. Darüber gab es nie eine Pressemeldung, kein publizistisches Scheinwerferlicht, aber es gab Waisenkinder, die weiterleben konnten.

Es waren damals Gorbatschows schwere Wendejahre. Die Flucht der Kommunisten aus dem Smolny-Palast. Hungersnot im ganzen aufgewühlten Land. Der Rubel ohne jeden Wert. Jelzin noch nicht auf dem Panzer, aber schon in Wodkawartestellung. Tschaika-Wirt Broder Drees und Skipper Egon Lasicki von der »Baltica Vera«, Koch Udo Sonntag aus Plön und Reeder Charles Melzer, dieser Harburger Palettenkönig Horst Mönke und Sprinkenhofchef Karlheinz Ehlers, Gerhard Weber vom CVJM, wir vom NDR, die Kollegen vom Abendblatt, und so viele andere Helferinnen und Helfer, vor allem die vom ASB, vom Arbeiter-Samariter-Bund – sie alle halfen damals dort in unserer notleidenden Partnerstadt an der Newa. Die Planwirtschaft funktionierte nicht mehr, die Marktwirtschaft noch nicht. Es herrschte das blanke Chaos.

Wir halfen, die vielen Tausend Hilfspakete zu verteilen, die die Hamburger auf den Rathausmarkt gebracht hatten und die dann per Schiff über die Ostsee kamen. Viele davon nahm sich das hungrige Militär, viele Pakete landeten in korrupten Kanälen, aber die meisten konnten wir richtig lenken in kinderreiche Familien, in Kinderheime und in Krankenhäuser – und doch kamen wir oft zu spät. Mit gestifteten Lastwagen über katastrophale Schlaglochpisten in abgelegene Viertel. Klingelten bei den Alten, den Hungrigen, den Mittellosen. »Gestern gestorben«, hieß es manchmal. Oder »vorrgestern tott«. Verhungert wie bei der Pest im Mittelalter. Die Alten, die die 900-tägige deutsche Belagerung im Krieg überlebt hatten, kämpften nun abermals ums Überleben. Sie standen mit ihrem Kochgeschirr zitternd in der Schlange – an der Gulaschkanone des einstigen Feindes.

Die Hamburger Feuerwehr hatte diese knallrote Gulaschkanone zur Verfügung gestellt, Hamburger Kaufleute schickten Lebensmittel, Firmen machten Spenden locker, und so konnten Broder, Udo und Egon im Hof der Tschaika in eisiger Kälte täglich bis zu 600 Portionen warme Suppe an die in langen Schlangen Wartenden verteilen. Henrietta Drosdowa, ich danke ihr noch heute, wie sie mir damals als Dolmetscherin bei meinen Reportagen beigestanden hat. Heute ist sie Professorin und leitet die Geschicke des weltberühmten Petersburger Knabenchors. Jedes Jahr vor Weihnachten gastieren sie auf Einladung der Zeitung »lünepost« im Dom zu Bardowick bei Lüneburg. Vor Jahren waren es Dankkonzerte. Die kleinen Soprane von damals sind Bässe geworden. Neue Stimmen wuchsen heran. Der Chor ist grandios und weltberühmt geworden, hält aber Lüneburg die Treue.

Suppenküche Leningrad, das alles ist nun über 20 Jahre her. Kaum zu glauben. Heute sind eher *wir* abhängig vom Gasreichtum der Russen. Von den Öligarchen. Von Sibiriens Bodenschätzen. Die Zeiten ändern sich und wir uns mit ihnen. Alles hat sich total gewandelt. Aus Leningrad wurde St. Petersburg. Aus dem Zentralkomitee der KPdSU wurde die Duma. Aus Gorbatschow ein deutscher Wodka.

Aus meiner padruga Svetlana von der Tschaika-Reling ist Frau Ulanova geworden, Mamotschka von vier Kindern. Damals wog sie 45 kg, heute fast das Doppelte. Damals 24 und heute hart am Klimakterium. Mein Gott, wie unsere Zeit vergeht. Die Tschaika gibt es immer noch. Jetzt von Russen betrieben. Ohne Labskaus und ohne Astra. Aber das haben wir hier ja auch nicht mehr. Aber wie damals sitzen die Durstigen an der Reling.

In der heutigen Tschaika hängt Peter Wolf im trauerschwarzen Bilderrahmen. Der Peter, russisch »Pjotr«, stieg auf vom NDR-Boten in der Hamburger Rothenbaumchaussee zu Putins Mann in Broders Tschaika. Vom geheimen Dienstmann zum Geheimdienstmann? Und als Putin später mit Bundeskanzler Schröder an der Reling in der Tschaika saß, brauchte Peter nicht mal zu übersetzen. Wladimir und Gerhard tranken dort ihre berühmte Brüderschaft. Tauchten ihre Salzgurken in den kalten Wodka und heckten ihren Gasdeal aus. Die Pipeline durch die Ostsee.

Wladimir, den Gerhard privat »Walodja« nennt, avancierte zum »lupenreinen Demokraten« und Gerhard zu einem von Ignoranten dümmlich angefeindeten Pipeline-Paten. Manche Parteigenossen aus der früheren Volkspartei SPD nahmen übel und verstanden ihn nicht, den Schachzug ihres früheren Kanzlers. Schachspieler wie Helmut Schmidt verstanden ihn sofort: unabhängig werden von allen osteuropäischen Querelen. Von ukrainischen Blockaden. Von baltischen Unwägbarkeiten. Viel mehr Russen als Deutsche beherrschen das Schachspiel. Das Spiel der Logik und der Energie. Gazprom-Gas für Deutschland durch die Ostsee. Diese Röhre wird für uns bald lebenswichtig werden. Aber einige verstehen das noch nicht. Nur Schalke 04 – die haben's kapiert. Vielleicht gibt Magath dort so Gas, wie es der Sponsor erhofft.

Das alles kam nach den russischen Zeiten von »Admiral« Drees, dem einstigen Skipper und Wirt vom Hamburger Großneumarkt. Der hatte sich nämlich gleich nach der Wende auf dem Schwarzmarkt am Newski eine dunkelblaue Admiralsuniform samt russischem Marinemantel gekauft und immer wieder so aufdringlich darin hochgestapelt, dass dies dem echten Oberbefehlshaber der russischen Marine namens Putin mehrfach sehr missfiel. In der Tschaika forderte er den Möchtegern-Admiral freundlich auf, die russische Marine nicht lächerlich zu machen. »Admiral« Drees behielt den blöden Mantel an und fiel in Ungnade, sein ganzes schönes in Russland verdientes Geld wurde »eingefroren«, wie die Vnesch Ekonom Bank, die russische Außenhandelsbank, diesen staatlichen und stattlichen Diebstahl nannte.

Broder packte daraufhin sechs Tonnen Trockeneis auf die »Baltica Vera« und schipperte damit zur alten Festungsinsel Todtleben. So heißt die wirklich, ist benannt nach einem deutschstämmigen General und liegt querab von der historischen Marinegarnison Kronstadt. Richtig, von dem Stützpunkt, von dem aus 1917 die aufständischen Matrosen zum Winterpalais des Zaren zogen. Broder Drees fror symbolisch diese geschichtsträchtige russische Insel ein. Ein origineller, vielfotografierter Gag, aber ohne jede Wirkung auf das »Einige Russland«, die neue Partei des alten Freundes. Die Staatsbank behielt den Gewinn aus 50 000 deutsch gezapften Bieren und hat ihn heute noch.

Deshalb muss Broder jetzt, um zu überleben, tote Ostpreußen verstreuen. Und zwar als Asche über der am 30. Januar 1945 durch russische Torpedos versenkten »Wilhelm Gustloff«. Fast 10 000 Flüchtlinge sind damals allein auf diesem überfüllten ehemaligen

»Kraft-durch-Freude-Dampfer« jämmerlich ums Leben gekommen, ertrunken in den eisigen Fluten. Darunter mehrere Hundert »Nachrichtenhelferinnen« der geschlagenen deutschen Wehrmacht. Viele Frauen mit ihren kleinen Kindern. Ostpreußen, Westpreußen und viele verwundete Soldaten.

So manche Angehörige dieser ertrunkenen Menschen wollen im Jenseits gern mit ihren Lieben wieder zusammenkommen und haben sich für eine Seebestattung entschieden. Ihre Urnen werden nicht beerdigt, sie werden bemeert, sie bestehen aus hartem Brotteig und lösen sich auf nach einigen Stunden im salzigen Wasser. Staub nicht zu Staub, sondern Staub zu Wasser.

Vertriebene, die dort – möglichst nahe ihren heimatlichen Gestaden – ihren damals ertrunkenen Angehörigen nachfolgen wollen, sehnen sich solidarisch zu denen hinunter auf den Grund der Ostsee. Zwar nur als nasses Pulver, aber doch hinunter zur »Gustloff«, zur »Goya« und zu all den anderen Schiffen, die die Flucht damals nicht mehr schafften, die Flucht in den rettenden Westen.

Russische Torpedos haben damals, im Januar und Februar 1945, zahlreiche deutsche Flüchtlingsschiffe getroffen. Zehntausende fanden den nassen Tod. Den Tod, der Broder leben lässt. Seebestatter ist er geworden. Zu Füßen des Hamburger Michel sammelt er die erloschenen Überreste seiner maritim gesonnenen Kundschaft in löslichen Urnen, bevor er mit ihnen auf ihre letzte Seereise geht. Wenn die Urne da draußen auf See versinkt und der letzte Blumenstrauß auf den Wellen schaukelt, holt Broder die Kömbuddel aus dem Schapp, dann kriegen die Angehörigen den »Rasmus-Schluck« aus eiskalten Gläsern, die eine Hälfte für die eigene Kehle, die andere wird aus dem Glas mit Schwung ins Meer geschüttet, als letzter symbolischer Schluck für den Toten …

Als ich meine Tochter »Tschaika« genannt habe, da dachte ich an die »Möwe« von Anton Tschechow. Tschaika heißt Möwe. Der schreibende Großvater einer später berühmt gewordenen Schauspielerfamilie: Olga Tschechowa, Ada Tschechowa, Vera Tschechowa. Die sind alle Deutsche geworden und geblieben. Ihr poetischer Ahnherr aber hat auf der Krim geschrieben und ist in Badenweiler in Deutschland während einer Kur gestorben.

2014 werden von ferne die Fanfaren der Olympischen Winterspiele in Sotschi herüberklingen auf die Krim. Die Türken werden froh sein, dass sie weder Skispringer noch Eisschnellläufer haben. Denn seit dem Krimkrieg sind Türken dort nicht so gern gesehen. Sie wollten sich die Krim mal unter den Nagel reißen. Jetzt reiben sich Russland und die Ukraine an der Krim. Nicht nur wegen der Gasversorgung, auch wegen der Marinehäfen, von denen aus man das Schwarze Meer beherrschen kann.

Das Tschechow-Haus ist Sehenswürdigkeit, so wie der Verhandlungstisch der Siegermächte in Jalta (die Herren Roosevelt, Churchill und Stalin teilten dort schon vor Kriegsende das erlegte Deutsche Reich in ihre künftigen Besatzungszonen auf). Überhaupt ist die Krim mit ihrer großen katharinischen und potemkinschen Vergangenheit eine Seereise wert, und all das sieht man sich am besten im Verlauf einer Schwarzmeerfahrt im Frühling oder Herbst an. Darüber nachher noch ein bisschen mehr.

Weiße Nächte – Schwarzer Tod

Nachts von zwei bis vier werden in St. Petersburg die Brücken hochgeklappt. Dann dürfen die Schiffe passieren, und die Autos oben müssen warten. Wir waren ausgestiegen aus Vladimirs Lada und an die Reling der hochgeklappten Brücke getreten, um uns den Schiffsverkehr da unten anzuschauen. »Scheiße«, sagte ich zu Vladimir, »wir hätten bloß 'ne halbe Stunde eher abhauen sollen aus dem Schuppen, dann hätten wir's noch geschafft.« Vladimir Bessonov ist der berühmte russische Geiger, und er ist mein Freund. Svetlana Paschenkowa, seine kongeniale Pianistin, war damals nicht nur seine Tastengefährtin, sondern manchmal auf Tournee auch seine Gelegenheitsgeliebte. Jetzt ist sie tot. Gestorben an Brustkrebs, weil sie so gläubig war.

Ihr Pope hatte ihr verboten, ärztliche Hilfe in Anspruch zu nehmen. Gott allein werde ihr helfen. Sie solle nur viel beten, viel spenden und im eiskalten Wasser der Newa baden. Monatelang hat sie unsere dringenden Mahnungen in den Wind geschlagen. Sie hat stündlich gebetet und ist jeden Tag, auch bei Eis und Schnee, in den Fluss eingetaucht. Einmal haben Vladimir und ich ihr sogar mit einer Hacke ein Loch in die zugefrorene Newa gehauen. Dann – war es zu spät. Ihr Krebs hatte Metastasen gestreut. Sie war verloren. Ihren Sohn Nikolai haben wir zunächst alle nach Kräften unterstützt. Er sollte nach dem Willen der Mutter auch Pianist werden und wie sie das berühmte St. Petersburger Konservatorium besuchen.

Er lernte zwar ganz gut Klavier zu spielen, als er aber 18 wurde, klaute er seiner Oma all die grünen 100-Euro-Scheine, all das von seiner Mutter mühselig zusammengespielte und von uns zugeschossene Geld, kaufte sich erst mal ein Auto und eine Pistole und eine passende Freundin und zog in seine verdreckte Datscha am

Rande der Stadt. Dort habe ich ihn mal besucht, um ihm die Leviten oder sonst was zu lesen.

Seine Reaktion war musikalisch: Er griff sein uraltes deutsches Akkordeon, das sein Großvater aus dem Krieg mitgebracht und ihm hinterlassen hatte. Hohner als Beutekunst, erbeutet 1945 an der Elbe von einem abgeknallten deutschen Landser, und der junge Russe Nikolai spielte den Walzer »Leck mich am Arsch, Marie. Mein Geld, das kriegst Du nie. Ich hab' mir in Torgau den Dödel verbrannt. Alles fürs Vaterland.« Immerhin, so viel Deutsch hatte er von seinem Papa noch gelernt, bevor der verduftete. Jetzt ist Nikolai von Beruf Lederjacke. Bei der Mafia hat es sich endgültig ausgeklimpert. Da werden im wahren Sinn des Wortes andere Töne angeschlagen.

Wir standen da nun also an der hochgeklappten Brücke in dieser kühlen Nackttanznacht. Vladimir, Svetlana, Monica und ich. Es war Ende April, und ich war wieder mit einem Kreuzfahrer da, diesmal mit einem amerikanischen Neugierschiff, einer Endeavour für die Intelligenteren von drüben, von jenseits des Großen Teichs. Ilona hatte mir den Job vermittelt. Die schöne Ilona kenne ich von früher aus der Tschaika. Dort an der Messingreling hatte sie auch ihren Waliser Peter kennengelernt (ich mag die Vokabel »aufgerissen« nicht). Der war vergleichsweise reich, veranstaltete Discoverer-Tours für reiselustige Amerikaner und heiratete Ilona.

Für Russland, Deutschland, Polen und das Baltikum suchten sie einen »Lecturer«. Einen Klugscheißer also, möglichst openminded und smile- keeping. Da hatte sie mich angerufen. Und ich hatte den Amis wiederum eine versierte Zahlmeisterin gleich mit vermittelt. Meine sehr attraktive Kumpelfreundin Monica, mit der ich schon auf diversen Schiffen war, eine gute Rechnerin und multiple Liebhaberin. Landgänge mit ihr waren immer spannend. So auch jetzt in dieser Nacht.

Wir hatten noch nicht ganz die berühmten »Weißen Nächte

von Petersburg«, aber gegen vier wurde es doch schon wieder hell. Monica stand neben mir an der hochgeklappten Brücke und fröstelte. Ihren Mantel hatte sie in ihrer Kabine auf Deck 4 des Ami-Cruisers liegen lassen. Ihr gelbes kurzes Flatterkleidchen war für den russischen August geeignet, nicht für April. Also legte ich ihr mein Jackett um die Schultern und fröstelte nun selber. Sie war jetzt 26, aber erst 19, als ich ihr erstmals begegnet war. Damals in Hamburg. Schauspielerin wollte sie werden und Sprechunterricht nehmen bei mir.

Wir haben es ein paar Mal probiert. Mal mit Geduld und manchmal ohne. Mal mit Druck und manchmal ohne. Dann sagte ich ihr, vielleicht ein bisschen brutal, dass es kaum Zweck habe mit ihrer Sprecherei. Sie habe doch so viele andere Fähigkeiten. Habe den Kaufmannsgehilfenbrief (solch einen Ausdruck können nur deutsche Bürokraten erfinden!). Also eine abgeschlossene kaufmännische Lehre. Und Buchhaltung beherrsche sie. Und rechnen könne sie. Viel besser als ich. Warum nun unbedingt ein Metier, für das sie nicht geschaffen sei?

Oh, es gab Tränen. Wut gegen mich. Gegen meine als krass empfundene Ehrlichkeit. Aber dann auch Einsicht. Bessere Einsicht. Reisen, sagte sie, sei ihre Leidenschaft. So half ich ihr, Zahlmeister-Assistentin auf einem wirklich noblen Schiff zu werden. Wir gingen auseinander und blieben doch zusammen. Mehrfach sind wir uns an Bord begegnet. Unter ganz unterschiedlichen Flaggen. Sind immer Vertraute geblieben. Aber niemals Dauerhändchenhalter. Valentinstagelöhner. Süßholzarbeiter. Eher wie zwei Sportler, die die gleiche Disziplin betreiben. Schnell ist sie Zahlmeisterin an Bord geworden.

Monicas Doping ist das Leben. Neugier als täglich neue Gier. Ein erotisches Multitalent. Eine Paradiesschlange als Unschuldslamm. So oft ist ihre Schönheit ihr unschlagbares As im Ärmel gewesen. Sie pokerte damit wie andere mit ihrer Kohle. Damit gewann sie fast jedes Liebesspiel. Nur eines nicht. Lesen Sie weiter!

Wir vier also hatten an diesem Abend dieses unglaubliche Strip-Varieté besucht, ein bisschen außerhalb der Riesenstadt, aber die 40 Kilometer im Lada wert. Die Show dort ist deshalb so bemerkenswert, weil die Tänzerinnen alle hochausgebildete Ballerinen sind. Perfekt trainiert, perfekt gebaut. Sie tanzen vollkommen nackt, nicht wie in Paris oder London, wo man ja Rücksicht auf verklemmte amerikanische Touristen nimmt. Andererseits ist es eine ästhetische Show. Nicht so ein primitives Bühnengeficke wie in der Großen Freiheit oder in Soho. Sie wollten, dass Vladimir künftig die Show als Geigenvirtuose begleiten sollte, boten auch eine gute Gage, deshalb schauten wir uns ihr Programm gern gemeinsam an, sie ließen Champanskaja und Kaviar servieren, aber er sagte dann doch ab, weil das Schleswig-Holstein-Musikfestival und der NDR und das Loiko-Trio auf ihn warteten.

Nun also der Rückweg mit Hindernissen. Vladimir und Svetlana waren wieder eingestiegen, um ein Nickerchen zu machen. Ich stand da an der Brückenreling mit Monica. Sie kuschelte sich in meinen Arm und seufzte: »Ach, Mann.« »Was ist denn, Kleines, was hast du denn?« »Erinnerst du dich an Ende Oktober im Schwarzen Meer?« »Ja klar, war doch 'ne spannende Reise.« »Erinnerst du dich an die Kutsche in Jalta?« »Na hör' mal, an alles. Auch an die beiden älteren Damen aus Ohio, die alles bezahlten.« »Ja, die waren süß! Auch an unseren blinden Passagier?« »Du meinst den jungen Krimboy in der Kutsche? So blind – kann der nicht gewesen sein.«

»Ja, der hieß, glaube ich, auch Vladimir, genauso wie dein Freund hier, der Geiger. Erinnerst du dich an den 29. Oktober?« »Ja, ich weiß noch alles.« »Wie hast du uns damals auseinandergekriegt?« »Na, Mensch Monica, das weißt du doch.« »Nee, weiß ich nicht. Hatte so was noch nie erlebt. Ich hab' nur so etwas wie einen elektrischen Schlag gespürt. Einen wahnsinnigen Sekundenschmerz. Einen Schock aus heiterem Himmel.« »Na, so heiter war in dem Moment dein Pimmel-Himmel gar nicht mehr!« »Ich hab' das alles gar nicht so richtig mitgekriegt!« »Aber ... ich schon.« »Ich weiß, darum schäme ich mich ja auch.« »Quatsch, da gibt es nix zu schämen. Steh' doch dazu. War doch ...« »Ich weiß, wie es war, *vor* diesem Horror, eine schöne Stunde lang.«

Ich schaute auf die Uhr. Jeden Augenblick müsste die Brücke wieder herunterklappen. »Du?«, sagte Monica. – »Ja?« »Soll ich dir ein Geständnis machen?« »Ja? Schon wieder eins? Hier an der Brückenreling?« »Ich bin schwanger seitdem.« »Was? Seit damals in der Kutsche?« Ich sah sie an. Befühlte ihren Bauch. Tatsächlich. »Das ist viel zu spät, das geht nicht mehr«, hörte ich mich ganz sachlich sagen. »Du meinst: abzutreiben?«

»Ja. Warum hast du nicht früher etwas unternommen?« »Weil ich Angst hatte. Und weil ich es manchmal loswerden und – manchmal überhaupt nicht loswerden wollte. Mich nicht auskratzen lassen wollte nach dem Abbruch. Verstehst du?« Kann ein Gefühl eine Frau übermannen? Oder wie nennt man das in weiblich? Jedenfalls fing Monica wortlos an zu weinen. Ganz wenig und ganz leise. Die Brücke senkte sich, wir stiegen ein, hinten in Vladimirs kackbraunen Lada. Sie lag in meinem Arm, und ich dachte zurück – an den Nachmittag vor fünf Monaten in Jalta. Damals mit einem deutschen Schiff auf Schwarzmeerreise:

... *wie am Spieß*

Auf See hatte ich einen großen Saal voller Passagiere auf ihren nächsten Landgang vorbereitet. Als Bordlektor und Reiseleiter. Über die Krim gesprochen und den Krimkrieg, über Katharina und Potemkin, über Zar Nikolaus und Stalin. Über die Rote Flotte und Sewastopol. Über Anton Tschechow und seine »Dame mit dem Hündchen«. Nach meinem Vortrag kamen zwei ältere, sehr charmante Amerikanerinnen zu mir und fragten, ob ich sie am nächsten Tag auf ihrem privaten Landausflug begleiten könne. Ich zögerte, weil ich eigentlich mal wieder schwimmen gehen wollte, auch wenn es schon ziemlich kalt sein würde, hier im Oktober an der Schwarzmeerküste.

»Salary no problem«, hörte ich irgendwann zwischen den Sätzen. »No salary, ladies«, sagte ich und bedauerte im gleichen Moment meine verpasste Chance auf eine ganz kleine, aber gerechte Umverteilung ihres Dollarvermögens. Aber in solchen Situationen siegt leider immer wieder mein kleiner dummer Spießerstolz. »Yes«, sagte ich, »let's meet at two p. m. at the gangway.«

Sie wollten gleich ab Gangway eins der Taxis nehmen, aber ich sagte: »Nope! Maybe later, ladies.« So schlenderten wir ins Herz von Jalta, und ich wunderte mich, wie gut die beiden Damen zu Fuß waren. Der autofreie Jalta-Kai, diese pompöse Uferstraße, begeisterte sie. Die Buden, die Straßenmusikanten, die kleinen Schauspieltruppen. Das mediterrane Flair der neuen alten Ukraine nach der Wende. Mit der Seilbahn fuhren wir auf den Aussichtshügel Darsan, und ich fragte sie, ob sie mein Germanen-Englisch denn verstünden, und sie entgegneten unisono: »Yes, darling, we understand your words and even your sophisticated soul.« »Huijujui«, dachte ich.

Und dann steuerten sie auf die Kutsche zu. Ein offener Zweispänner mit vier Plätzen und hinten zusammengerolltem Verdeck. Mit dem Kutscher verhandelte gerade, ich erkannte sie schon von Weitem, unsere Zahlmeisterin Monica. My ever slipless girlfriend Monica. Meine Vertraute. Fast alles vertraute sie mir an aus ihrem damals 25 Jahre jungen Leben. Auch dass sie fast nie einen Slip zu tragen pflege, hatte sie mir anvertraut. Weil der sich so abzeichne unter den engen weißen Uniformhosen. »Und unter Kleidern und Röcken kann ich das schon gar nicht ab«, betonte sie ihren Wäschegeiz.

Sie war heute hier in Jalta nicht in Uniform, so wie wir sie kannten, sondern trug auf ihrem Landgang eine weiße Bluse, einen wunderschönen halblangen Trachtenrock, bunt bestickt mit Ornamenten, und ihre roten Stiefel, die ihr Horst, der Zweite Ingenieur, neulich im türkischen Bazar im Hafen von Samsun gekauft hatte. An ihrer Seite ein junger, sehr gut aussehender Mann. Dunkle Haare, Anderthalb-Tage-Bart, mehr Physikstudent als Raupenfahrer, jedenfalls unübersehbar einheimisch. Sie radebrechten deutsch und englisch und russisch miteinander.

»Monica, wo hast du den denn her?« »Ist der nicht süß?«, fragte sie zurück. »Den hab' ich da hinten im Gagarin-Park aufgegabelt. Sag' bloß, du findest den nicht auch echt süß?« »Ja«, sagte ich, »total süß, der Knabe. Aber was ist mit der Kutsche? Die wollten *wir* gern nehmen.« »Wir auch«, sagte Monica, »aber die ist doch groß genug, können wir doch zusammen hoppa-hoppa machen?« Ich übersetzte für die Ladies, nicht ohne auf den erklecklichen Preis von 50 Euro pro Stunde aufmerksam zu machen. »Oh darling«, rief Helen, die etwas Rundere von beiden, »that's really not a problem. Let's go!«, und drückte dem Kutscher schon vor Abfahrt einen 100-Dollar-Schein in seine rissige Russenhand.

Helen setzte sich hinten links in Fahrtrichtung in die Kutsche, ihre Freundin Dorothee, mit ti äitsch, ihr gegenüber. Ich setzte mich neben Helen, sodass der junge Krimtartar mir gegenüber Platz nehmen musste, mit dem Rücken zum Kutscher. Als Letzte stieg Monica ein und setzte sich mir gegenüber ganz unbekümmert auf den fremden Schoß. Ich konnte sein Gesicht nun nicht mehr sehen, weil Monica auf ihm thronte, der edle Trachtenrock drapierte ihre eigentlich sehr sehenswerten Beine, und dann klapperten die Kaltblüter los.

Am Anfang gab ich mich noch kulturbeflissen, erklärte dies und das und die armenische Kirche hier, das Tschechow-Theater dort und die Künstlergalerie da hinten, aber bald verstummte ich, weil die Hufe so laut dazwischenklapperten, weil ich mein kulturelles Pulver nicht sinnlos verschießen wollte, vor allem aber, weil Monica halb aufgestanden war, ein paar Sekunden in der Hocke stehen blieb und sich dann wieder setzte.

»Are you comfortable?«, fragte Helen besorgt, und Monica sagte, ein bisschen außer Atem: »Y ... yes, yes, madam, I feel fine.« Dann sah sie mich fragend an, und ich nickte. Hätte ich den Kopf geschüttelt, wäre sie abgestiegen. Ihre Augen waren groß und schön, aber schon bald auch ziemlich glasig. Sie atmete nicht mehr durch die Nase, sondern durch den Mund. Immer schneller, so wie ein Jogger auf ansteigender Strecke. Ihr Gesicht leicht gerötet wie nach dem ersten Saunagang. Ich sah den feinen Schweißfilm auf ihrer Stirn. Beugte mich vor und tupfte ihn ab, mit einem frischen Papiertaschentuch, weil Monica selbst gerade keine Hand frei hatte. Sie lächelte dankbar und stützte sich mit beiden Händen auf die Schenkel ihres Untermannes. Es sah aus als wolle sie ihn immer mal kurz entlasten von ihrem Gewicht. Das andere besorgte die rumpelnde Kutsche.

Dann lehnte sich Monica zurück gegen die ukrainische Brust und ihren Kopf ganz weit zurück auf seine Schulter. »My god«, sagte Dorothee, »she's sick perhaps?« »You mean some kind of seasick, Dorothee?«, fragte ich die Mitreisende einfühlsam. Denn sie machte sich wirklich Sorgen und fragte, ob wir anhalten sollten. Nicht dass Monica ihr gleich auf ihren new dress kotzen würde! Auf ihr schönes neues blassrosa Herbstkostüm. Sie sagte »vomiting«, aber sie meinte kotzen. Vielleicht würde ja auch dem Herrn die Last auf die Dauer zu schwer?

»Russen sind viel belastbarer als ihr Amerikaner«, sagte ich auf Deutsch, weil sie mich sowieso nicht verstanden hätte. Der ukrainische Russe hinter Monicas Rücken, lag der etwa schon im Sterben? Er hatte die Augen geschlossen und röchelte: »Aah«, und Dorothee deutete dies als Schmerz, den er unter der Last auf seinem Schoß zu leiden hätte. »Don't worry, madam!«, beruhigte ich sie. Es passte gut, dass jetzt Monica ein kaum unterdrücktes »Aah« in die Kutsche stöhnte. – »Should we call a doctor?« »No madam«, sagte ich und machte Dorothee umgehend auf die schöne Newski-Kirche aufmerksam, und der Kutscher drehte sich um zu uns und fragte russisch von seinem Bock herunter, wohin er denn nun fahren solle. Der krimmige Russe unter Monica sagte etwas auf Russisch zum Kutscher. Ich vermute, es hieß: »Scheißegal, fahr weiter!«

Er fuhr weiter. Er nahm den Weg nach Liwadija. Zum Weißen Palast des letzten Zaren. Zum Refugium dieses letzten Romanow, der als Alexander der Zweite den Bolschewisten unter Lenin weichen musste. Monica ging das Ende der Dynastie der Romanows jetzt total am Arsch vorbei. Denn den bekam sie nicht mehr hoch. Der russische Generalstab in ihr war umzingelt. Was sie angefangen hatte, ließ sich offenbar nicht so leicht beenden.

Je näher der Weiße Palast rückte, desto schwärzer sah sie ihre Lage. Sie schaute mich hilfesuchend an und zuckte mit den Schultern. Sie war aufgespießt und kam nicht runter vom Stehrohr ihres U-Bootkommandanten. Es schien, als habe ihr Krimtartar jetzt echte Schmerzen. Er stöhnte anders als vorhin. Sein Pupsik, wie die Russen sagen, war eingeklemmt. Ein Orgasmus zu wenig, ein Schlagloch zu viel?

Dann die Vorfahrt am Palast. Die beiden Damen stiegen aus, klopften sich den Staub von den Klamotten und riefen: »Herby, come on. Mr. Churchill and Mr. Roosevelt are waiting for you.«

»I just wait for Mister Stalin. We need a Befreiungsaktion!«, rief ich ihnen ein total unangebrachtes Scherzchen zu. »Lass mich jetzt nicht im Stich«, flehte mich Monica leise an.

»Please go on, I'll come very soon, ladies!«, rief ich den Amerikanerinnen zu. Und zu Monica: »Mach' die Augen zu und bleib' ganz ruhig!« Ihrem Untermann gab ich mit der Handfläche nach unten das Zeichen, Ruhe zu bewahren. Dann kramte ich, ohne dass die beiden es sehen konnten, eine Sicherheitsnadel hervor. Reiner Zufall, dass ich mir damit eine gerissene Gürtelschlaufe befestigt hatte.

Ich schob Monicas pittoresken Trachtenrock zur Seite. Legte ihre makellosen Beine frei. »Versuch mal, aufzustehen!« Sie versuchte es und schrie leise auf. Ihr leidender Spießgeselle stöhnte russisch. Es schien tatsächlich nicht zu gehen. Sie biss die Lippen aufeinander und hatte Tränen in den Augen. Ein bisschen Schmerz, ein bisschen Scham und ganz viel Es-nicht-fassen-Können. Ich zeigte hinüber zur anderen Seite und sagte: »Schau mal, was die da machen!« Sie drehte den Kopf zur Seite. Im gleichen Moment rammte ich ihr mit der linken Hand die Nadel in den Po, blitzschnell und mit voller Wucht, riss sie gleichzeitig mit dem rechten Arm nach oben. Es machte leise »plopp«, beide schrien auf, aber waren auseinander.

Getrennt für immer, denn der junge Mann verpackte sich schnell, sprang aus der Kutsche und war verschwunden. Er machte die Düse, wie man so sagt. Erst Drüsenjäger, dann Düsenjäger, dachte ich. Monica stieg mit mir aus, taumelte ein bisschen und weinte erlöst in meinen Arm. Nach ein paar Minuten fragte sie mich: »Mensch du, was war denn das? Hab' ich ja noch nie erlebt. So'n Scheiß. Mensch, was war das?« »Scheidenkrampf«, sagte ich. »Kommt vor.«

Wir gingen aus der Menschenmasse vor dem Eingang des Palastes ein bisschen abseits in den Park. »Beruhige dich. Leg' dich da hinten auf die Bank. Ruh' dich aus. Ich zeig' den Amis den Saal der

Jalta-Konferenz. In 20 Minuten bin ich wieder da.« Gab dem Kutscher noch mal 50 Euro, ging in den Palast, traf die beiden, und später fuhren wir zu viert mit dem Taxi zurück zum Schiff. Während der ganzen Fahrt presste Monica beide Hände zwischen ihre Beine.

So weit die Retrospektive »Letztes Jahr in Jalta«, die da ablief vor meinen inneren Augen, im Frühling von St. Petersburg. Erinnerung an Monicas private Oktoberrevolution. An eine Zeugung im Trab. Ich musste lächeln, obwohl ich wusste: Dieses Kind wird seinen Vater niemals sehen. Aber bevor ich lange darüber nachdenken konnte, war schon wieder ein Abschied fällig.

Denn jetzt, gut fünf Monate nach dem vaginalen Zwischenphall brachte uns mein Freund Vladimir zurück zum Hafen, zum Kreuzfahrtterminal von St. Petersburg. Wir waren ja jetzt zu fünft im Lada, resümierte ich: Vladimir und ich, Svetlana und Monica und ihr ungeborenes Kind. Unsere russischen Freunde verabschiedeten uns herzlich vor der Passkontrolle. Monica und mich und das neue Leben, von dem sie ja nichts wussten. Svetlana würde ich nicht mehr wiedersehen. Der Krebs, ich hab's ja schon erklärt. Es war Svetlanas letzter Kuss auf meine Wange. Hier das Leben, dort der Tod. Kann jemand nachempfinden, wie mich diese Szene noch nachträglich berührt?

Udos ROCKLINER

Wenn wir schon über die schon ziemlich weißen Nächte von St. Petersburg reden, dann sollten wir die noch viel weißeren auf dem weißen Deckel unseres Globus nicht vergessen. Das strahlendste Weiß auf einer Kreuzfahrt habe ich mit Udo erlebt, ganz oben in der Arktis, weit nördlich vom Polarkreis, nur noch 900 km vom Nordpol entfernt, im Lillehoek-Fjord nördlich von Spitzbergen. In dieses einmalige Landschaftsschutzgebiet darf normalerweise kein großer Cruiser hinein, aber weil Udo Lindenberg auch in Norwegen so prominent und bekannt ist, wie ich es nie erwartet hätte, hat der Kapitän den spitzbergischen Eisminister angerufen und um eine Sondererlaubnis gebeten, und der Minister hat gefragt: »Seid ihr die ›Andrea Doria‹?« »Nej«, hat unser Kapitän gesagt, »aber geht das trotzdem alles klar, auch ohne die ›Andrea Doria‹?«

Und da hat der Minister gemeint, wenn Udo ihm eine Lederjacke mit nach Oslo bringe, so eine wie damals dem Honecker nach Ostberlin, dann dürfe er das Sonderschiff zum Roosnekoy nehmen, zum höchsten Gletscher in der Eiswüste von Albertland, und so sind wir hineingeglitten in eine gleißende und glitzernde Fabelwelt aus Milliarden Eiskristallen, in eins der letzten Refugien dieser sonst schon so kaputten Welt, in das Wunder des immer noch Ewigen Eises, und es war wie eine weiße Andacht, nur unterbrochen vom Knacken des Treibeises, ein Erlebnis, das auch den sonst so lauten Udo ganz stumm und nachdenklich gemacht hat.

Später hat er mich an der Reling gefragt, ob ich denn wisse, warum die Norweger uns Deutsche und unsere Lieder so mögen? Klar, er meinte nicht die Besatzungsdeutschen, die im Krieg damals Eisenerz und Kohle für Krupp und Thyssen und die Dicke Berta klauen wollten, in Narvik und Trondheim und anderswo, dafür haben sie sich ja damals auch bald bitter gerächt und unseren Schweren Kreuzer »Blücher« im Oslofjord versenkt. Nein, er meinte die Musikdeutschen, die Edvard-Grieg-Verwandten, die Wenke-Myhre-Fans, die Saga-Leser und Biathlon-Loipenläufer, die sich immer so schön mit Norwegens Assen messen. »Die Norweger lieben die Loreley so wie wir ihre Pullover. Und man darf nicht vergessen«, meinte Udo, »für die Leute hier oben sind wir Deutsche Südländer. Helgoland ist für einen Norweger wie Sizilien für uns. Und der Schnaps dort verheißt ihm ein in der eigenen Heimat unbezahlbares Paradies.«

Übrigens, das Jackett, diese dunkle Jacke mit den senkrechten Goldstreifen, die ich Udo mal vor vielen Jahren an der Hamburger Kreuzung Rothenbaumchaussee/Hallerstraße verkauft habe, die hat er immer noch. Ich mag das, wenn einer bestimmte Klamotten liebt wie ein Kind seinen Teddybär. Ich hab' auch solche Sachen, die überstehen jeden Modetrend und jeden Schlussverkauf. Damals stand an dieser Kreuzung unweit des NDR-Funkhauses noch eine Bratwurstbude. Wir kamen vom Interview aus dem Studio, und Udo sagte: »Ey Alter, geile Jacke, die du da anhast. Könnt' ich gut für die Bühne gebrauchen.« Ich zog die Jacke aus, er zog sie an. Sie passte. Damals wurden noch Schecks ausgeschrieben. Udo fragte: »300, ist das okay?« »Ja, und 'ne Currywurst!« Die haben wir dann noch gegessen und zwei Astra dazu getrunken. Und dann ist er mit der U-Bahn zum Atlantic gefahren. Damals ging das noch. Heute würden die Leute ihn mit ihren Handycams abschießen. All die »Leser-Reporter« und Videovoyeure. Schade eigentlich.

Aber zurück zu unserer Nordlandreise. Auf der Rückfahrt, nach Austernschlürfen und Polarperlen im Schampus, nach Eisbären und Multebeeren, nach all dem weißen Weiß, warf die Mitternachtssonne unsere schwarzen Schatten gegen den weißen Schornstein. Wir standen an der Reling, und sein Schatten war immer leicht zu unterscheiden. Denn außer Udo trug kein anderer einen Hut in der Arktis. So war sein Schatten unverwechselbar wie seine Bilder, die er in seiner Kabine tagsüber heimlich malte. In Hamburgs Europa-Passage kann man Udos Bilder bewundern. Er selbst liebt das Atlantic und den Atlantic, und er fährt für sein Leben gerne kreuz. Und als wir später aus dem Eismeer zurückkamen in den nördlichen Nordatlantik und den Polarkreis mit lautem Tuten Richtung Süden kreuzten, da gestand mir Udo, was ihn so treibt zwischen Rampe und Reling, zwischen Bug und Bühne.

Aber gerade, als er anfangen wollte zu erzählen, da kam die Meldung: Michael Jackson gestorben! Udo erstarrte. »Mensch, glaub' ich nicht.« Doch, Michael Jackson war gerade auf mysteriöse Weise gestorben. Wir hörten die Nachrichten, und Udo sagte: »Scheiße. So eine verdammte Scheiße!« Dann tranken wir auf Jacko. Und Udo war echt traurig.

Was ihn antreibe?, nahm ich sein Geständnis an der Reling, seinen Faden wieder auf. Auch um ihn aus seiner Traurigkeit zurückzuholen. Udo holte tief Luft: »Ich will meine Musik mit meinen Meeren verbinden.« »Musikdampfer?« »Nee, Rockliner! Ey Alter, ROCKLINER, das isses.« Und dann entwickelte er sein gedankliches Projekt: ein großes Schiff mit einer großen Bühne. Kein Luxus, kein übermäßiger Komfort. Bezahlbare Kabinen. Bezahlbare Preise. »Ich will meine Fans mitnehmen auf See.« »Onkel See statt Onkel Pö?« »Ey Alter, guter Gag. Das Panikorchester und ich, wir machen nachts die Musik. Vielleicht auch andere Rocker. Das muss abgehen wie Hölle. Ich will den ROCKLINER über die Meere rocken!« Mal sehen, ob er das schafft, der Udo, der Lindenberg, der Unverwüstliche, der Mann mit dem Hut. Wer ihn nicht mag, der kennt ihn nicht.

Rammelgold als Schweigesold

Auf Ostsee-Kreuzfahrten, also meist im Frühjahr oder Herbst, weil ja die Cruiser im Hochsommer lieber auf Nordlandreisen gehen, auf diese Ostseereisen nehmen kostbare Damen gern mal ein bisschen mehr Geschmeide mit als etwa in die Karibik oder nach Ostafrika. Weil sie ihren schönen Schmuck in Europa für sicherer halten als am Äquator.

Da man ja seinen zunächst anonymen Mitreisenden für sich auf Kreuzfahrten gern einen passenden Namen gibt, nenne ich für mich solche Glitzerdamen gern »Frau Klunker«. Anstatt sich auf Landausflügen Blech um den Hals oder ans Handgelenk zu hängen, führen manche Passagiere leichtsinnigerweise auch an Land gern ihre echten Edelmetalle aus. Dann – beim Landausflug in St. Petersburg oder Vilnius, in Gdansk oder Gdingen – ist das Geschrei oft größer als die Chance, die edlen Teile wiederzubeschaffen.

Die Diebe dort sind noch gewitzter als im Souk von Tanger oder im Basar von Istanbul. Sie arbeiten meist so unauffällig, dass die bestohlene Lady oft erst bei ihrer Rückkehr an Bord die Eigentumsveränderung bemerkt: Das unwiederbringliche Erbstück von Tante Johanna oder das Goldstück vom Goldstück laufen jetzt unter »RUS« oder »PL« oder werden schnöde eingeschmolzen.

Eine Frau Klunker habe ich schon in meinem vorigen Buch »Gespräche an der Reling« genau beschrieben. Aber solche Juweliesen gibt es auf jeder Reise. Das sind auffällig mit diversen Kleinoden und Großoden behangene wohlfrisierte Ladies, in der Regel Witwen, die an Bord gern die ehemalige Tüchtigkeit ihres Verblichenen publikumswirksam präsentieren möchten. Meist Damen so um die 70, gefühlte 60 und gestraffte 50.

Demgegenüber war die vergoldete Schönheit, mit der ich diesmal dort an der Reling ins Gespräch geriet, zwar vergleichsweise jugendlich, aber gerade irgendwie sichtbar sauer, sodass ich sie trösten zu müssen glaubte (welch geniale Satzkonstruktion, drei Verben in einem kurzen Relativsatz!). Also trösten zu müssen glaubte, weil sie weinte. Ja, sie weinte um ihr weißgoldenes Juwelenarmband, das ihr direkt an der sehr belebten Metrostation Newski im Herzen von St. Petersburg eine schwarze Lederjacke vom Handgelenk gerissen habe, gerade als sie dem doch so freundlichen jungen Mann den erbetenen Gefallen tun und seine vier 5-Euro-Münzen in einen 20-Euro-Schein tauschen wollte. Sie schluchzte, und ich sagte: »So ist das manchmal mit der Drushba und dem Gold.« Da weinte sie noch heftiger. Also sagte ich nichts mehr und nahm sie in den Arm. Sie ließ es sich nicht nur gefallen, sondern kuschelte sich hinein.

St. Petersburg lag hinter uns. Wir waren wieder auf der Ostsee. Auf dem Weg nach Estland. Aber es roch weniger nach Tallin als nach Flensburg. Weniger nach Wodka als nach Rum. Jedenfalls nicht nach Tang und Teer. Vielmehr nach Frau und mehr. Sie war so um die 35, schätzte ich, und duftete. »Elisabeth Arden?«, fragte ich. – »Nein, Britta Müller.« Sagt man »saugte« oder »sog«? Jedenfalls saugte ich ihren Namen ein und sog an ihrem Duft. »Sag' einfach Brit zu mir.«

»Du reist allein?« »Nein, wir haben nur grad ein bisschen Knatsch.« »Du und wer?« »Ich und er.« Sie war ein bisschen angeschickert, feuchtaugig, attraktiv und anlehnungsfreudig. Wir schauten auf ihr leeres Handgelenk. »Soll ich dir mal was gestehen?«, fragte sie und schaute mich aus genässten Augenwinkeln an. Mit so einer lächelnden Traurigkeit. Mit so einem traurigen Lächeln. »Ja?« »Ist nicht so schlimm. War sowieso nur Rammelgold.«

»Von wem denn, Kleines?« Ich verfiel in diesen vertrauten Ton, weil sie so anders war. Sie lächelte. Und erzählte mir: Er sei ihr Chef und sie seine rechte Hand. Seine eigene rechte Hand sei vorsorglich entringt. Dafür beringe er ihre umso mehr. Ich schaute auf ihre Finger. Rubinroter Nagellack und bemerkenswerte Ode. Kleinere und größere. Auffällig ein blauer Saphir in Weißgold und mit exzellentem Schliff. »585er Rammelgold?«, fragte ich sie, aber wartete die Antwort jetzt nicht ab, sondern ließ sie für fünf Minuten stehen, um uns einen neuen Drink zu holen, und glaubte, sie dann hier nicht mehr vorzufinden.

Falsch. Sie stand an der gleichen Stelle. Hatte sich nur ihre Jacke, die sie bisher lose um die Schultern hängen hatte, jetzt richtig zugeknöpft und angezogen. »Prost …« Ich wollte sagen: Prost aufs Rammelgold, aber das war mir zu wiederholungsdoof, zu dick, vielleicht auch zu verletzend. Deshalb sagte ich nur »Prost«. Da sagte sie: »Aufs Rammelgold!« Und fügte bitter hinzu: »Und auf den Rammelsprung.«

Sie meinte nicht das parlamentarische Abstimmungsverfahren, den Hammelsprung, nein, sie meinte ihren Rammelsprung, ihr persönliches Aufstiegsverfahren in die Erste Unternehmensliga. Von seiner Sekretärin zu seiner Assistentin. Ihren beruflichen Karrieresprung, eine Etage höher, eine Gehaltsklasse höher, eine Verbeugung tiefer. »Uns geht's gut«, sagte sie, wobei ich nicht wusste, ob sich das »uns« auf die Firma, das Amt oder das Paar bezog.

Er hatte also Rammelkohle. Wenn Kohle aus dem Bergbau stammt, dann müsste ihr Kumpel doch auch zu ihr ein echter Kumpel sein, fragte ich wortspielerisch und kam mir dabei listig vor. Sie schaltete schnell, das muss man sagen, blieb beim Bergbaugleichnis und meinte lächelnd: »Nein, Hauer.« Und was er sonst so mache? Beruflich, meine ich? Sie murmelte was von »Konjunkturpaket« und »Straßenbau«. Mir ging ein Licht auf, obwohl es doch erst dämmerte. Bordmäßig heißt diese Stunde zwischen Liegestuhl und Dusche, also zwischen fünf und sechs, an allen Schiffsbars Happy Hour. Jeder Drink zum halben Preis.

Dann erzählte sie von sich und sauren Jahren in Itzehoe. Ihr früherer Partner sei lieb gewesen, aber arm geblieben. Er habe sich fast zu Tode studiert. Jeden Tag mit dem Zug von Itzehoe nach Hamburg und zurück. Und abends dann die Diskussionen und die Kerzen. Sie hätten diskutiert und ventiliert und reflektiert, immer wieder und stundenlang. Manchmal sogar nächtelang. Am Anfang habe sie an seinen Lippen gehangen. So klug und belesen, dieser süße Typ, habe sie gedacht, und politisch so überzeugend. Er habe auf sie gewirkt wie ein reif gewordener Juso, und da sei sie auf sein vermeintliches intellektuelles Kaliber eben reingefallen.

Dann, auf einmal, sprach sie drei Dezibel leiser: »Weißt du, ich habe mich ganz klein und ahnungslos gefühlt, damals, am Anfang, in der ersten Zeit.« »Und wo hast du ihn kennengelernt?« »Im Fischgeschäft.« »Sehr romantisch. Bei ›Nordsee‹?« »Nee, bei Ost-see.« »Wo?« »Na, bei Bismarckhering und Räucheraal, im Fischge-schäft Rühmling an der Ostsee.« »Ach, da in Niendorf?« »Genau, Du kennst den Laden?« »Ja Mensch, neuer Matjes im Juni, das isses doch.« »Es war zwar im Juni, aber er bestellte Schillerlocken«, sag-te sie trocken. Und wurde dann lebendig: »Wie kommt's eigent-lich, dass wir *der* Matjes sagen, obwohl es doch *die* Matjes ist, die zarte Jungfrau unter den Heringen? Wir genießen die, die noch nie genossen haben!«

»Stimmt, du hast Recht. Wir fangen Jungfrauen im Netz. Aber warum sagen wir nur: der Kabeljau, der Hering, der Dorsch, der Hai, der Rochen, der Aal, wieso keine Aalin?« »Stimmt, bei denen gibt es keine Mädchen. Aber bei anderen Fischarten gibt es auch keine Männer: die Makrele, die Seezunge, die Dorade, die Scholle. Oder hast du mal was von einem Scholler gehört? Oder von einer Lächsin?« »Warst *du* denn noch Matjes, als du ihn kennen-lerntest?« »Nee, ich hatte vorher schon ein paar grüne Heringe, aber nie gelaicht.« »Nie?« »Nein, bis heute nicht. Das soll auch noch ein paar Heringe lang so bleiben.«

»Erzähl' mir weiter von eurem Kennenlernen!« »Ach so, ja: In diesem Fischgeschäft ist er mir aufgefallen. Er stand am weißen Tresen gegenüber von der Theke.« »Und wieso ist er dir aufgefallen?«»Weil er als Einziger nicht Fußball guckte. Alle Männer standen oder saßen irgendwo vor der Glotze. Fußball-EM in Österreich und der Schweiz. Nur er kaute auf seiner Schillerlocke da bei Rühmling, las die Frankfurter Rundschau vom Kiosk gegenüber und wusste nicht mal, wer Podolski ist.«

Nur deshalb seien sie ins Gespräch gekommen. Sie, die schöne Sachbearbeiterin aus der Zementfabrik, und er, der Dauerstudent. »In Klammern 33«, fügte sie hinzu. Damit meine sie zwar auch sein damaliges Alter, aber vor allem die Zahl seiner Semester. Wohin sie am Abend fahren werde, habe er dann wissen wollen. »Nach Itzehoe, drüben an der Stör.« »Du machst Witze!« »Nein, wieso?« »Weil ich auch nach Itzehoe muss heute Abend.« Zunächst habe sie das für eine plumpe Anmache gehalten, aber dann habe sich herausgestellt: Es war tatsächlich der reine Zufall, dass sie beide aus der gleichen Stadt an die Ostsee gefahren waren. Beide aus Itzehoe. Er als Anhalter und sie mit Freundin im gebrauchten Silberpolo.

»Und dann?« »Na, er ist mitgefahren hinten drin im engen Polo.« »Und dann?« »Dann haben wir ihn vernascht, Nicola und ich. Noch am gleichen Abend. In meiner Wohnung in der Breiten Straße. Schon am nächsten Tag hat er seine Sachen aus Heiligenstedten geholt. Ist bei mir ein- und dann lange nicht mehr ausgezogen.« »Fehler«, sagte ich. – »Ja klar, Fehler. Und apropos ausgezogen: Jeden Abend hab' ich mich vor ihm für ihn ausgezogen. Manchmal allein, manchmal mit Nicola. Am Anfang hat ihn das richtig angetörnt, aber später hat er es gar nicht mehr bemerkt.« »Blindfisch, der«, sagte ich, »und übrigens, heute Abend gibt es Lenguado, Seezunge aus dem Atlantik. Willst du meine Fischnachbarin am Captain's Table sein? Ich bin heute eingeladen!« »Nee, das geht nicht, dann kriege ich richtig Ärger. Aber … wenn er nicht wieder auftaucht bis dahin, dann komme ich.«

Dann kamen wir zurück auf ihren Gummistudenten: Schon bald habe sie ihn aushalten müssen. Sie ihn! Nicola habe sie für verrückt erklärt. »Aber irgendwie tat er mir leid. So ein Genie, dachte ich, und nix zu fressen.« »Fehler«, sagte ich wieder. – »Ja, großer Fehler, auch beruflich. Ich als – jedenfalls so eingeschätzte – schöne Renommier-Mätresse mit Sitz gleich unter der Direktionsetage, ausgerechnet ich hatte mir so einen aufgegabelt! Einen von seiner Umwelt total verkannten Hochintelligenzler, wie ich damals meinte. Okay, einen Langhaardackel mit Duschdefiziten, aber doch mit dem Format des Weltveränderers. So glaubte ich damals. Ich empfand mich als Vorreiterin des Guten, Edlen, Besseren. Fühlte mich wie die Mieze von Che Guevara. Oder die heimliche Geliebte von Marcuse. Für mich war das damals der Schritt raus aus der Disco, rein in den Hörsaal. Aber dann kam ja alles anders.«

»Was kam anders?« »Seine Thesen wiederholten sich. Die Diskussionskerzen flackerten nicht mehr, sondern brannten langweilig herunter. Seine übrigens auch.« Ich fand es bemerkenswert, dass sie sich schon mehrfach selbst als »schön« bezeichnet hatte. »Kannst du dir vorstellen, dass so etwas einer schönen Frau mit der Zeit auf den Keks geht?«, fragte sie und drehte sich aus meinem Arm, um mir in die Augen sehen zu können. Sie mit dem linken, ich mit dem rechten Ellenbogen auf der Reling. So standen wir uns gegenüber. Dazwischen ein Meter ungefragte Fragen.

Hier auf dem Promenadendeck war es noch hell genug, sich anzusehen. »Und außerdem ist Philipp ein Weichei gewesen«, sagte sie ganz leise. Nicht ein einziges Mal habe er sie verprügelt. Obwohl sie sich das oft gewünscht hätte.

Kann man eine hochgezogene Augenbraue hören? Ich hatte nichts gesagt, und doch antwortete sie. »Ich …«, sagte sie und machte eine lange Pause, »ich habe es sogar manchmal provoziert. Ich habe ihm gesagt, dass ich nicht immer nur verstanden werden will. Aber – er ist immer nur milde und verständnisvoll geblieben.« »Verständnisvoll?«, fragte ich zurück, »verständnisvoll doch wohl gerade nicht?« »Du hast recht«, sagte sie, »in Wirklichkeit hat er

mich nicht verstanden. Er würde es bis heute nicht verstehen.«
»Warum denn nicht?«

Sie zögerte. Schaute hinunter auf ihre weißen Sandaletten.
Wich meinen Augen aus. Sah ich richtig? Wurde sie, die kecke
Schöne hier an der Reling, gerade so ein bisschen rötlich im
Gesicht? »Weil … ich hab's ihm nicht direkt gestanden.« »Was
gab's denn zu gestehen?« »Okay, ein Mann wie du kapiert so was
auch ohne Geständnis.« »Was?« Sie machte eine Pause und flüsterte mir ins Ohr: »Na, was ich brauche.« Aber Philipp sei immer
lieb und unverständnisvoll geblieben. »Du kannst ihn ja mal vorschlagen«, lächelte sie jetzt wieder. – »Wofür?« »Für den Friedens-
nobelpreis!«

»Und der jetzt, dein Neuer, hast du seine starke Hand gesucht?
Oder seine Kohle?«, versuchte ich, das Gespräch zu aktualisieren.
»Vielleicht …«, zögerte sie, »vielleicht ein bisschen beides.« »Klas-
se oder Kasse?« »Beides.« »Karriere statt Misere?« Sie nickte. –
»Zuckerbrot und Peitsche?« Sie nickte wieder: »Ja, das ist einer, der
mich verstanden hat. Und jeden Tag …« »Jeden Tag? Das hältst du
aus? Rammelgold und Peitsche?«

Sie sah mich mit großen Augen an. Als fühlte sie sich ertappt.
»Manchmal ist es Bammelgold«, sagte sie leise. »Manchmal hab'
ich richtig Bammel. Weil … verstehst du, Nicola hat keine Kohle.
Und zurzeit auch keinen Freund. Wir haben sie mitgenommen.
Sie trägt Klamotten, die ich ihr geliehen habe. Ich musste ihr aus-
reden, sich zu genieren. Vor allem vor den anderen.« »Vor welchen
anderen?« »Na, die er manchmal mitbringt zu uns nach Hause.
Und die angeblich ganz wichtig sind für uns. Die Herren, die er
auch hierher wieder eingeladen hat. Auf dieses Schiff.«

Sie zögerte. »Und ich weiß noch nicht, wie er ausgehen wird.«
»Wer?« »Na, der Deal mit Nicola. Der eine, der Dicke aus dem
Ministerium, der ist ganz scharf auf Nicola. Der soll sie bekommen. Hat er so bestimmt.« »Wer?« »Na, *er!*« »Weiß sie das?« »Nein,
aber davon scheint viel abzuhängen.« »Kuppelei?« »Gibt's gar

nicht mehr, den Straftatbestand.« »Wie nennst du das denn?« »Vermittlung.« »Du vermittelst deine Freundin?« »Ja, sie muss aus ihrer Schuldenfalle raus. Die muss vermittelt werden. Die ist doch erst 24 und schon ziemlich hoch verschuldet.« »Durchschaut sie das Spiel?« »Ich glaube, nicht so ganz. Deshalb hab' ich ja so'n Bammel.«

»Wo sind die jetzt, die anderen?« »Die ziehen sich um fürs Abendessen. Die sitzen mit uns am großen runden Tisch.« »Führt er euch vor?« »Ja, er ... sagen wir mal: Er glänzt mit uns.« »Und du?« »Ich bin ... ja, ich bin manchmal auch ein bisschen stolz, wenn er mich vorzeigt.« »Und heute?« »Heute ist er, statt«, sie wandte sich ab und schaute aufs Meer, »anstatt mich zu verhauen abgehauen.« »Und das macht dich grad verrückt?« »Ich weiß nicht, wohin er abgehauen ist. Wahrscheinlich in irgendeine Weiberkabine!« »Nicola?« »Nein, das glaub' ich nicht. Nicola hat er doch für den Dicken vorgesehen.«

Wut macht gesprächig. Wut mit Wodka macht gesprächiger. Sie hatte Tränen der Wut in den Augen. Und Wodka Feige im Glas. Aber feige war sie nicht. War es Schwermut, die sie so gesprächig machte? Oder schwerer Mut, der sie öffnete? Jedenfalls fauchte sie: »Mistkerl!« »Na, na, der bietet dir immerhin viel mehr als dein Hartz-IV-Philipp?« »Ja, aber ich glaube, er bescheißt mich auch.«

Sie holte tief Luft. Zitterte. Ich versuchte zu verstehen. Aufstand einer schönen Masochistin? Enttäuschung? Zorn? Das fragte ich mich, als sie die lackierten Finger auf der lackierten Reling ballte, und ich merkte, dass sie etwas loswerden wollte. Dass sie es ihm jetzt geigen würde, diesem flüchtigen Goldgräber, diesem Rammler im fremden Bau.

»Ist dir eigentlich schon mal aufgefallen«, begann sie ihren leisen Racheakt. Flüsterte, fast konspirativ, wie einst ein IM an der Reling der »Völkerfreundschaft«, »dass es Autobahnstrecken gibt, die noch nie baustellenfrei gewesen sind?« »Lass mich überlegen

… Ja, Hamburg–Lübeck, da wird immer irgendwie und irgendwo gebaut.« »Siehst du«, sagte sie und fragte: »Zufall?« Mehr sagte sie nicht, aber an ihrem Blick erkannte ich, was sie meinte. Nämlich den Quell auch ihres schönen Goldes. Und dass sie keine Zufälle sind, all diese immer neuen alten Millionen-Baustellen. Und nicht immer reine Abnutzungserscheinungen.

Deshalb kamen mir nun plötzlich all die immer wiederkehrenden Baustellen in den Sinn. »Ja, ja«, sagte ich, »meistens zwischen Stapelfeld und Ratekau«, und ich wollte fragen: »Meinst du Ko …?« Da legte sie den Zeigefinger auf die Lippen und sagte nur leise: »Von nix kommt nix.« Und rieb Daumen und Zeigefinger aufeinander. Und grinste und fügte hinzu: »Das betong ich mal.« Stimmt, wurde mir bewusst, die A 1 von Hamburg aus in Richtung Norden besteht überwiegend aus Beton. Die Asphaltquote greift woanders mehr.

So dachte ich gerade »Korruption« zu Ende, da starb »korrupt« abrupt an seinem: »Ach Hase, da bist du ja, ich hab' dich schon überall gesucht.« Der Rammler nahm die Häsin in den Arm, beim Abgang streifte mich ihr langer Blick, und schon sehr bald war das Gelenk der schönen rechten Hand nicht mehr so unschön ungeschmückt.

Masolange hatte sie nicht warten müssen. Später beim langsamen Walzer ließ sich das wirkungsvoll erkennen. Beim Festabend »Zauber der Ostsee«, als er sie über das neue unbrennbare Plastikparkett im Salon dreivierteltaktete (auf Schiffen darf ja innen leider kein Holz mehr verwendet werden), funkelte alles an ihr, ihre Augen, ihre Hände, ihre Schuhe, und manchmal funkelte sie mir verstohlen zu. Und legte wie zufällig den rechten Zeigefinger mahnend auf die geschlossenen Lippen.

Wie schick sie war in ihrem langen knallrot hochgeschlitzten Kleid, mit ihrem höhergelegten Fahrgestell auf goldenen Pfennigabsätzen (sagt man immer noch, obwohl es ja längst Centabsätze sind). Ihre schon jetzt im Mai strumpflos angebräunten nackten

Blickfangbeine kannten keine Sonnenbankenkrise und auch keinerlei Absatzprobleme. Seine versöhnte Rechte Hand!

Geschickt hatte sie beim Tanzen ihre rechte Hand in seine linke Hand platziert. Ihr frisch vom Bordjuwelier geschmücktes Handgelenk signalisierte Eingänge auf der Habenseite. Die angestrahlte Spiegelkugel über den Tanzenden reflektierte das Glitzern ihrer Lipglosslippen. Ihr glückliches Lächeln verriet ihren heißen Hintern.

Ob er nehmender Autobahnbeamter oder gebender Betonkopf war? Um das zu erfahren, hätte ich den nächsten Streit abwarten müssen. Der aber, das sah ich mit Bedauern, war nun erst mal wieder in rammelgoldige Ferne gerückt. Die umgehende Reparatur seiner Beziehungskiste war dem Berufsreparierer jedenfalls genauso wichtig wie die wahrscheinlich mal wieder »sehr dringenden« Reparaturarbeiten am rechten Fahrstreifen Richtung Hamburg.

Wo denn diesmal?, fragte ich mich, als ich Wochen später über diese Strecke fuhr. Ach ja, wieder mal in Höhe Lübeck-Moisling. Da, wo auch neue Streckenabschnitte so uneben erscheinen wie Akne auf virginer Haut. Man konnte sehen, dass da schon wieder mal offenbar »sehr dringend« mehrere dicke Betonplatten aus der fast neuen Fahrbahn gehoben wurden. Die Baumaschinen schienen noch warm vom letzten Mal. Wie hatte mir meine Zementine da an der Reling fachkundig erklärt: »Normalerweise und fachlich gut fundiert halten solche Platten viele Jahre. Auf dieser Strecke haben sie nur eine kurze Lebenserwartung. Frag' dich mal, warum.«

Dieses Gespräch mit dem schnuckeligen Goldhamsterhasen hat mich hellhörig gemacht. Nicht nur auf Stoßdämpfer im unfreiwilligen Dauertest. Und auf andere Fugen als die von Bach. Ist es etwa ein gewolltes Rütteln? Sind es vorausberechnete Schäden, die den Fahrbahnprüfern signalisieren sollen: Hier muss bald wieder gebaut werden! Und werden bei den Ausschreibungen immer wieder dieselben Firmen berücksichtigt? Bekommen da immer wieder die Gleichen den Zuschlag? Wer kontrolliert die Auftragsvergabe? Wie läuft das Geschäft mit den Steuermillionen, die da dreispurig begraben werden? Die fröhlich fließen, wenn Berlin und Kiel auch noch so pleite sind? Sind die immer gleichen Straßenreparaturabnahmebeamten tatsächlich jahrzehntelang für dieselben Strecken verantwortlich? Sind es immer dieselben, die die Aufträge dafür vergeben? Immer dieselben Entscheidungsträger, die dann folgerichtig auch empfänglich werden für zählbare Entscheidungshilfen? Oder fühlbare Entscheidungsgehilfinnen?

Wenn das wirklich so ist, könnte hohe Bauqualität den Einnahmefluss tatsächlich nur stören. Solch eine Vermutung drängt sich dem auf, der die kilometerlangen Baustellen befährt. Honi soit qui mal y pense. Auf welche Baumaßnahmen dürfen wir uns in naher Zukunft freuen? Ich empfehle den Abschnitt zwischen Bad Schwartau und Ratekau in Fahrtrichtung Nord. Oder wie wär's mal wieder mit Bad Oldesloe? Autofahrer, bleibt ganz ruhig, ihr bekommt es ja bald wieder, euer gewohntes Stau-Erlebnis. Der Dicke aus dem Ministerium hat seinen Stau gewiss behoben.

Russische Straßenbaumanöver

Ich wollte mich damals, nach diesem Straßenbau-Geständnis an der Reling, gedanklich auf Estland vorbereiten. Sie war ja verschwebt am Arme ihres Rammlers, meine schöne Gesteherin, und ich wollte eigentlich jetzt ganz etwas anderes bedenken. Aber dann kam mir dieser Horchposten dazwischen, dieser eigenartige Baustellenspion. Mir war schon aufgefallen, dass mir beim Gespräch mit – wie hatte sie charmant gelogen? – also mit der jungen Frau Britta Müller ein Mann von der rechten Seite unauffällig immer näher gerückt war. Da er nur das nahe Meer und das ferne Ufer im Blick zu haben schien, hatte ich ihn nicht weiter beachtet. Aber jetzt stellte sich heraus, dass er russischer Este auf Straßenbau-Urlaub war und dass er zumindest Teile unseres Relingsdialoges mitbekommen hatte.

Er stellte sich vor, nannte einen mir unverständlichen Namen, entschuldigte sich vielmals für seine Neugier und sein schlechtes Benehmen, aber ich beruhigte ihn: »Bei *der* Frau wäre wohl jeder gern ein bisschen nähergerückt!« Nein, nein, die Frau, die sei es nicht gewesen. Auch wenn sie ihm irgendwie bekannt vorgekommen sei. Es seien die Stichworte »Autobahn« und »Straßenbau«, die ihn hellhörig gemacht hätten. »Wieso?« »Weil ich Straßenbau-Ingenieur bin und mir viele Gedanken darüber mache.« »Worüber, Herr …?« Er wiederholte seinen komplizierten Namen, ich zuckte die Schultern, daraufhin erleichterte er mir meine Merkfähigkeit: »Sagen Sie einfach Iwan.« »Also, Iwan, worüber machen Sie sich Gedanken?« »Na, über die unterschiedlichen Baumethoden in Ost und West, ich habe lange gearbeitet für westliche Firmen, auch für Hochtief, für euren Aufbau Ost in Thüringen und Sachsen, vorher für die Russen in Moskau und St. Petersburg.« »Und jetzt?« »Jetzt habe ich mit den Straßenbauproblemen in Südafrika zu tun. Fußball-WM, wenn Sie verstehen.« Meine erste Abwehrhaltung gegenüber diesem Relingslauscher wandelte sich in einen Hauch von Neugier.

»Ich kenne die Asphaltmafia und die Betonbonzen«, meinte der Kater Pillar, so nannte ich ihn für mich nun insgeheim. – »Spielen die denn da unten am Kap auch so eine Rolle?« »Die spielen überall ihre Rolle.« »Auch schon in Sotschi?« »Ja, überall, wo die Millionen winken.« Dann kamen wir auf die Unterschiede. In Deutschland, meinte der Kater Pillar, würde alles viel zu lange dauern. »Euch ging es viele Jahre viel zu gut«, sagte er trocken. »Bei euch kam es auf die wirtschaftlichen Verluste durch eure Straßenbau-Bürokratie nicht an. Eure Baustellen dauerten und dauern monatelang. In anderen Ländern werden gleiche Arbeiten in wenigen Tagen erledigt.«

Ich konnte ihm kaum widersprechen. – »Wie oft werden bei euch ganze Straßenzüge oder Autobahnabschnitte für Monate gesperrt«, fuhr er fort, »dann rücken ein paar Baumaschinen an, rot-weiße Baustellenbarrieren werden liebevoll eingerichtet, ein oder zwei kleine Trupps von Bauarbeitern arbeiten einsam und nach Vorschrift, nicht zu schnell und selten nachts, und dann wird über Wochen und Monate an der Straße herumgepusselt.« »Und anderswo?«, fragte ich den Kater Pillar. »Woanders geht das viel effektiver«, belehrte mich der, »soll ich dir ein Beispiel schildern?« »Okay, Iwan, ich bestelle zwei Wodka, und dann redest du!« Diesen Denkanreiz zu ordern dauerte nur zwei Minuten, dann waren die kalten Gläser da, Olena lachte uns an, wir bestellten gleich zwei neue, aber erst in zehn Minuten bitte.

»Wir waren doch gerade in St. Petersburg«, meinte Iwan, »da hast du den Newski-Prospekt gesehen?« »Ja, klar, Prachtstraße, acht Fahrbahnen, ich schätze mal zehn Kilometer lang.« »Der wurde im Juli 2008 vollständig neu asphaltiert. Rate mal, in welcher Zeit?« »Wenn du nur einen Monatsnamen nennst, dann sage ich: innerhalb von vier Wochen.« »Falsch«, sagte Iwan. »An zwei Tagen, an einem Wochenende! Am 19. und 20. Juli!« »Geht denn das?«, fragte ich mehr als skeptisch. – »Die Russen planen das wie ein Militärmanöver. Alle Straßenbaufirmen der Stadt werden beteiligt. Alle städtischen und staatlichen Kräfte mobilisiert. 150 Dampfwalzen und 300 Teerlaster waren im Einsatz. Und über tausend Straßenbauarbeiter. Sie arbeiteten rund um die Uhr. Zwei Tage und zwei Nächte lang. Die ganze Innenstadt roch nach dampfendem Teer. Dann war der Newski glatt und neu, der Verkehr konnte wieder rollen. Das hätte bei euch ein halbes Jahr gedauert!«

... doch Sarah blieb nicht stehen

Normalerweise verlaufen Ostsee-Kreuzfahrten entgegen dem Uhrzeigersinn, also von Kiel oder Lübeck über Warnemünde, Danzig und Gdingen weiter nach Litauen, Lettland und Estland, von dort weiter östlich bis St. Petersburg und dann zurück über Helsinki, Visby, Stockholm, Kopenhagen wieder nach Kiel oder Lübeck. Wir machten es mal andersrum, nahmen also zuerst die Nordroute und besuchten auf der Heimreise das Baltikum und Polen. »Ganz schön, mal so rum«, sagte der sehr alte Mann dort an der Reling, »da muss man den polnischen Grasowka, den mit dem Büffelgras, nicht so lange mitschleppen auf der Reise.« »Mögen Sie den auch so gern wie ich?«, fragte ich den Senior. – »Der hat mich manchmal am Leben gehalten.«

Der feine alte Herr sprach ein bisschen Ruhrplatt, ein wenig nur, aber doch herauszuhören. Er stützte sich nicht mit den Ellenbogen auf die Reling, entspannt, bequem, den Rücken leicht gekrümmt, wie ich das tat, sondern er legte seine Hände flach auf das lackierte Mahagoni und stand aufrecht. Die Füße auseinander, standfest und kerzengerade – so schaute er ohne Brille hinaus auf See. Ich schätzte ihn auf über 80, vielleicht sogar schon jenseits der 90, geistig fit, aber mittlerweile – vielleicht – schon tot ...

Er sprach langsam, aber klar und deutlich. »Als ich gestern zur Bibliothek gegangen bin, sah ich Sie mit dieser jungen Frau da unten an der Reling stehen. Backbordseite Promenadendeck«, sagte er freundlich, »Sie hatten den Arm um sie gelegt. Eine Verwandte?« »Nein, wieso?« »Weil mich diese junge Frau erinnert.« Der Mann sprach todernst. – »Woran?« »An Estland vor vielen, vielen Jahren. Diese Frau hab' ich erschossen.« Ich sah Tränen in den Augen dieses alten Mannes und hielt ihn für verwirrt. »Die Frau, sie lebt, und zwar ziemlich komfortabel«, sagte ich trocken. »Kann sein«, sagte er und hielt sich an der Reling fest, »sie sieht nur ganz genauso aus.« »Wollen wir nach achtern gehen und uns setzen?« »Gut. Ich komme gleich, ich hole mir meinen Mantel.«

»Was haben Sie in der Bibliothek gefunden?«, fragte ich ihn 20 Minuten später auf dem Außendeck ganz achtern. Wir hatten zwei Deckstühle nebeneinandergeschoben, stellten unsere Füße auf die untere Relingssprosse und blickten ins Kielwasser unter uns. Ich holte zwei Decken, die wir über unsere Knie legten. »Die letzten Reiter«, sagte er, »von Dwinger.« Ich horchte auf. »Von Erich Edwin Dwinger?« »Ja! Wieso? Kannten Sie ihn?« »Ja, ich hab' ihn vor Jahren in Spanien kennengelernt.« »In Spanien? In Denia?« »Genau. In Denia.«

»Das kann ich nicht glauben«, zweifelte der alte Herr und stellte mir – ich empfand das jedenfalls so – eine Fangfrage: »Was für ein Auto fuhr er denn?« »Einen blauen Mercedes. Und er wusste alles über Stierkampf. Er hat uns sogar mitgenommen von Denia nach Valencia in die Stierkampf-Arena, meine damalige Freundin Ille König und mich. Er hat uns alles erklärt über die Corrida, über Toros und Toreros, über die Matadores und die Picadores, die Pferde und den Todesstoß. Er hatte eine Loge im Schatten, sombre, verstehen Sie, und er kannte sogar den berühmten Torero Dominguin.«

Das alles sprudelte ganz aufgeregt aus mir heraus, weil es mich auch an meine damalige Ausreißertour mit Ille erinnerte. Ich kam von Bord der »Ockenfels« und sie vom au pair in England, wir trafen uns oben auf der obersten Plattform des Eiffelturms und sind dann mit dem Toulouse-Express über Port Bou nach Spanien … sie war noch teen und ich gerade twen, und wir wollten beide weg. Ausprobieren, wie Liebe geht.

Der alte Herr war wie aufgescheucht, fast wie elektrisiert. »Der Eddie, der Erich Edwin Dwinger, der war mein Freund. Er war zehn Jahre älter als ich. Weißt du …« – er wechselte plötzlich ins Du – »dass er der Sohn eines deutschen Offiziers und einer Russin gewesen ist?« »Nein, ich kenne ihn nur als Stierkampf-Experten. Er hat uns gesagt, dass er Schriftsteller sei, und hat uns nach der letzten Fanfare eingeladen zur Paella, und dann auch wieder zurückgefahren zu unserer kleinen Pension in Denia, er war sehr herzlich mit uns jungen Leuten, fast väterlich, wir mochten ihn.«

»Jetzt ist er tot. Begraben in Gmund am Tegernsee. Ich hab' ihn in Estland kennengelernt«, erklärte mein Relingsnachbar, »damals im Krieg. Er war Kriegsberichterstatter.« »So wie Hemingway im Spanischen Bürgerkrieg?« »Ja, ganz ähnlich, nur auf der anderen Seite. Dwinger war zuerst ein Mann der Nazis. Vor allem wegen seines Buches ›Armee hinter Stacheldraht‹. Deshalb hatten sie ihn als Jubelreporter an die Front geschickt. Er jubelte die Freicorps-Kämpfer im Baltikum hoch. Hier schau: ›Die letzten Reiter‹.« Er hatte das Buch bei sich, dieser ominöse alte Herr. Dass der keineswegs verwirrt war, hatte ich nun längst bemerkt. Sein Wissen fesselte mich. Wie mich Wissen immer fesselt.

Es fiel mir schwer, diesen klugen Greis zu duzen. Aber um des Dialoges willen fragte ich: »Du hast eben gesagt, Dwinger sei zuerst ein Mann der Nazis gewesen? Was meinst du mit zuerst?« »Ja, bis 1943. Dann sah er Stalingrad voraus und überhaupt den deutschen Untergang und nahm heimlich Kontakt zum russischen General Wlassow auf. Er sprach Russisch und wollte – vielleicht naiv – zwischen der Wehrmacht und der Roten Armee vermitteln.« »So ähnlich wie der Hess mit den Briten?« »Ja. Aber irgendjemand hat ihn verpfiffen, die Gestapo stellte ihn unter Hausarrest. Nur, weil er Himmler persönlich kannte, haben sie ihn nicht umgelegt.«

»Aber er bleibt ein Nazidichter?« »Ja, wird er immer bleiben. Für die Nachwelt. Nicht für mich. Ich kannte ihn anders. Andere waren schlimmer. Viel schlimmer. Andere, die später in unserer schönen Bundesrepublik zu höchsten Ehren kamen.« »Andere?« »Ja, andere. Ich auch. Ich war ein Schwein und schäme mich. Vor dir und deinen Kindern. Wenn du welche hast. Ja, du hast welche, das sehe ich dir an. Du, ich kann jetzt momentan nicht weiterreden. Meine Pumpe.« »Kann ich dir helfen?« »Nein, mir kann keiner helfen. Übrigens, ich heiße jetzt Johannes. Sag' Hannes zu mir.« Ich stand auf und orderte beim Decksteward zwei doppelte Grasowka. Vielleicht gut für seine Pumpe, dachte ich.

»Du bist doch nicht meschugge, Hannes«, nahm ich nach zwei »Nas da rowje« unseren Faden wieder auf. »Wieso hast du gesagt, du hättest diese Frau erschossen?« Er holte sehr tief Luft und sagte leise: »Weil sie genauso aussieht wie die, die ich erschießen musste. 1941 in Estland, dort wo wir morgen sind. Aber wenn du das kapieren willst, müsste ich dir ein paar Umstände erklären.« »Okay, erklär' sie mir!« »Sagt dir der Hitler-Stalin-Pakt etwas?« »Ja, Gebietsaufteilung zweier Diktatoren.« »Richtig, während die Deutschen in Polen und der Tschechei einmarschierten, rückten die Russen ins Baltikum vor. Zwangseingliederung in die Sowjetunion, hieß der Terminus. Im Juni 1940 marschierten sie in Estland, Lettland und Litauen ein. Ein Schreckensjahr für die Balten. Vor allem für die Juden dort. Denn die Sowjets begannen mit der Deportation der baltischen Juden nach Sibirien. Auch hierin waren sich Berlin und Moskau damals einig.«

»Aber dann kam die verhängnisvolle Wende?« »Ja, sie begann mit der idiotischen deutschen Kriegserklärung an Russland. Der Suizid des NS-Regimes. Aufhebung des Hitler-Stalin-Paktes. Wehrmacht und Waffen-SS drängten nach genau einem Jahr russischer Besetzung im Juni 1941 die Rote Armee zurück bis nach Leningrad. Hitler, dieser ›Gröfaz‹, dieser unfähige Laienstratege, ließ die Wehrmacht drei Jahre lang das riesige Leningrad belagern und band damit mehrere Divisionen. Die reinste Idiotie! So musste die Schlacht um Stalingrad ja verloren gehen! Viele haben damals schon den Kopf geschüttelt.« »Aber nichts gesagt!« »Nein, sie hätten dich wegen Wehrkraftzersetzung an die Wand gestellt.«

Aber in Estland seid ihr zuerst ja freudig empfangen worden?« »Ja, ich war dabei. Verstehst du, Junge, was das bedeutete? Von den baltischen ›Waffenbrüdern‹ wurden wir bejubelt. Viele Esten traten freiwillig in unsere Waffen-SS ein. Sie sahen die Deutschen als Befreier vom sowjetischen Joch. Die Kurische Nehrung als deutsches Badeparadies, auch für Frontsoldaten auf Urlaub.«

»Aber gab es da noch Juden im Baltikum?« »Ja, Tausende. Längst nicht alle waren den Russen in die Hände gefallen. Aber die Jagd auf diese den Russen entkommenen Juden war gnadenlos. Ghettos wurden errichtet, in Litauen, Lettland und Estland. Tausende deportiert. In Kaunas wurde die ehemalige Zarenfestung zum berüchtigten Fort IX. Massenerschießungen im lettischen Wald von Rumbula. Ein Wettlauf der ›Höheren SS- und Polizeiführer‹ im Baltikum, wer es als Erster schaffen würde. SS-Obersturmbannführer Martin Sandberg in Estland gewann, er konnte sich auf seine Willis verlassen. Am 30. Oktober 1941 meldete er dem damaligen Berliner ›Reichsministerium für die besetzten Ostgebiete‹ unter dem NS-Chefideologen Alfred Rosenberg: ›Estland judenfrei!‹«

Der alte Mann neben mir im Deckstuhl saß aufrecht da, ganz ruhig und fast bewegungslos. Nur seine Stimme klang fast jugendlich und sehr lebendig. Ich empfand seinen Ton zwar als gelegentlich wie eine Vorlesung über jüngere Geschichte, aber ich hatte ihn ja selber dazu animiert. »Red' weiter von Willi«, forderte ich ihn freundlich auf. Er sah mich kurz an und sagte: »Gewiss gab es viele Willis da oben im Reichskommissariat Ostland, das seinen Sitz in Riga hatte. Aber nur einen, der sich 30 Jahre später als höchster deutscher Sportfunktionär hofieren ließ. Vom Polizeibataillon Nr. 36 in die Olympia-Loge? Von der Division Nordland unter die fünf Olympischen Ringe in München?« Ich orderte beim Decksteward zwei weitere Grasowka-Wodkas und ermunterte den hageren Senior, weiter über Willi zu berichten:

Der alte Herr trank sein Glas mit einem Schluck. Sein präzises Gedächtnis beeindruckte mich. Schon mit 24 sei Willi in die NSDAP eingetreten, genau am 1. Mai 1937. Und er sei stolz darauf gewesen. Drei Jahre später aus dem Ruhrgebiet nach Estland.

Dann das Loch im Lebenslauf. Der Mann neben mir schloss die Augen. Machte eine lange Pause. Schien gedankliche Bilanz zu ziehen, machte einen großen Zeitensprung. Und sagte dann:

»Verleihung des Großen Verdienstkreuzes der Bundesrepublik Deutschland ein halbes Jahr nach den Olympischen Spielen. Genau am 19. Januar 1973. Ich war dabei.« »Ach, Sie blieben mit ihm bekannt auch noch nach dem Krieg?« »Ja, ich traf ihn später wieder, hatte beruflich mit ihm zu tun. Er hatte im Dortmunder Hafen eine Eisengießerei. Und zum 73. Geburtstag war ich eingeladen.«

Da habe der Bundespräsident dem einstigen Estland-Vorgesetzten den Großen Verdienstorden mit Stern und Schulterband verliehen. Die Sportwelt und die Internationale Presse feierten ihn. »Verstehst du, was mich so verbittert? Nicht, dass er damals dabei gewesen ist. Das war ich auch. Das mussten viele. Aber dass er sich als Olympiaoberfunktionär so hat feiern lassen. Dass er sich so unangefochten und so lange im Scheinwerferlicht sonnen konnte. Und dass er zwei Jahre aus seinem Lebenslauf unbemerkt hat löschen können.«

»Wenn es dich wirklich so verbitterte, dann hättest du und hätten andere, die es wussten, diese Dinge doch spätestens vor den Olympischen Spielen 1972 beim Namen nennen können?« – Er schwieg. Er schluckte, und er schwieg. Dann sagte er ganz leise: »Ich war zu feige. Ich bin es eigentlich immer noch.« »Welche Jahre in seiner Vita hat er denn manipuliert?«, wollte ich wissen. – »1940 und 1941. Diese schlimmen Jahre da oben in Estland. 30 Jahre war er damals. Ich weiß nicht, wie viele er auf dem Gewissen hatte. Später, als 61-jährigen Olympiaboss in München, fragte ihn dann offen keiner mehr. Er war wohlhabend und berühmt geworden. Aber vielleicht gerade deshalb auch erpressbar!«

Mein Nachbar im Deckstuhl holte tief Luft: »Ja, ich bin mir sicher. Der feine Herr mit dem streng zurückgekämmten Haar, dieser Mann im Rampenlicht, wurde erpresst. Irgendjemand kannte seine baltische Vergangenheit. Schon 1972, beim Überfall des palästinensischen Terrorkommandos auf die israelische Olympiamannschaft in München, war sein Verhalten manchmal eigenartig. Und ich vermute, dass sein späterer wirtschaftlicher Konkurs auch auf Erpressung zurückzuführen war. Vielleicht eine späte Rache? Ist doch sehr merkwürdig, dass diese nach außen so große Persönlichkeit ganz klein, ganz leise und völlig verarmt in einer kleinen Wohnung im Olympischen Dorf von München gestorben ist.«

Hannes, von dem ich wusste, dass er gar nicht Hannes hieß, war ganz erschöpft von seinem geschichtlichen Diskurs. Trotzdem wollte ich wissen, wie das war, damals, 1941, und mit seinem belasteten Gewissen. »Es gab ein KZ Klooga in der Nähe von Tallin. Ich gehörte zu den Bewachern. Sarah war jung und schön und sah genauso aus wie diese Frau gestern an deiner Seite. Willi war mein Vorgesetzter. Zwar nicht der direkte, aber mehrere Ränge höher. Ich war zwanzig und Gefreiter. Das jüdische Mädchen hinter dem Stacheldraht war mir aufgefallen. Irgendwie hatte ich ihren Namen erfahren. Sie lächelte mich manchmal an durch den hohen Maschenzaun. Ich lächelte zurück und musste aufpassen, dass es keiner sah.

Wenn die Frauen abkommandiert wurden zur Arbeit, hatten wir sie zu bewachen. Wir hatten strikten Befehl, jeden, der zu fliehen versuchte, sofort zu erschießen. Im Dienst sagte Willi ›Sie‹ zu mir. Beim Korbball sagte er ›du‹. Und manchmal nannte er unser Spiel auch ganz weltläufig ›Basketball‹. Wir fanden es sehr kameradschaftlich, dass er mit uns einfachen Soldaten Sport getrieben hat. Er war einer unserer besten, obwohl er ziemlich klein war für einen Basketballer. Er gehörte sogar zur Nationalmannschaft. Auch im Handball war er ein hervorragender Mittelfeldspieler. Und unter der Dusche sagte er: ›Ich höre, dass du mit Juden sympathisierst. Vielleicht sogar kollaborierst? Wenn dir eine, nur eine einzige wegläuft da draußen, dann lass ich dich erschießen.‹«

Der alte Mann schloss die Augen und redete weiter: »Ein paar Tage später Wachdienst auf dem Außenposten. Ich legte an und schrie: ›Halt, stehen bleiben!‹ Aber diese Sarah blieb nicht stehen. Ich schrie wieder und aus Leibeskräften: ›HALT, STEHEN BLEIBEN!‹ Sie wusste, dass ich Wache hatte, und sie lief. Und ich hab' geschossen. Ich mieser Drecksskerl habe geschossen. Zwar nur auf ihre Beine. Aber höher getroffen. Ich habe sie nur am Weiterlaufen hindern wollen. Aber habe sie in den Rücken getroffen. Ich hab' sie zusammenbrechen sehen. Das werde ich nicht wieder los. Verstehst du, so etwas wird man nicht wieder los. Nie hat mich jemand angeklagt. Damals bin ich befördert worden zum Obergefreiten. Ich könnte heute noch kotzen. Ich feiges Schwein, verstehst du, ich habe versagt. Im entscheidenden Moment versagt.«

»Kein Selbstmitleid, bitte«, sagte ich, als ihm wieder die Tränen kamen. Und überlegte, ob ich danebengeschossen hätte. Fiktives Heldentum, das lässt sich leicht verkünden. Ich verachtete ihn und überlegte, ob nicht Krieg alle zu Schweinen macht. Den SS-Judenmörder, den Hiroshima-Piloten, den Bin-Laden-Terroristen, den Gaza-Bombardierer, den GI im Irak, den Massenvergewaltiger auf dem Balkan und den Kindersoldaten im Kongo? Man müsste die Bedingungen verhindern, die solche Verbrechen möglich machen. Ich weiß, die Welt sieht anders aus …

Dem alten Herrn, dem konnte ich nicht helfen und wollte ich nicht helfen. Mir selbst hat sein bitteres Geständnis an der Reling ein neues, ein weiteres Ausrufezeichen in die Seele geritzt. Und dieses Ausrufezeichen begann schon am nächsten Tag zu blinken, als wir bei unseren Landgängen in die estnische Geschichte tauchten. Da braut sich nämlich neues Ungemach zusammen. Estland ist die empfindliche Berührungslinie zwischen Russland und der NATO. Der Grenzverlauf ist umstritten, die gegenseitigen Beziehungen sind hochallergisch.

In Tallin trifft sich alljährlich der Veteranenverband »Estnische SS-Division«, in Pärnu steht als Kriegerdenkmal ein Soldat in SS-

Uniform auf dem Sockel, ein russisches Kriegerdenkmal wurde gegen heftigste russische Proteste aus dem Zentrum an den Stadtrand versetzt, estnische Spione haben den Russen höchste NATO-Militärgeheimnisse verraten, fast 30 Prozent der Bevölkerung Estlands sind russisch und fühlen sich unterdrückt, EU und NATO rufen Estland immer wieder zur Mäßigung auf, unser Bündnispartner hat weniger Einwohner als Hamburg, aber bildet ein Pulverfass zwischen Ost und West.

Epilog

Liebe Leserin, lieber Leser,

ich hoffe, Sie hatten eine kurzweilige Lektüre. Eine ganze Reihe von Geständnissen habe ich hier geschildert – süße und bittere, traurige und fröhliche, tiefsinnige und flache. Ihre Meinung dazu, Ihr Echo interessiert mich sehr. Auch Ihre Anregungen für mein nächstes Buch. Meine Anschrift:

Autor@Herbert-Fricke.de